CHRISTOPHE SAUVAL

OU

LA SOCIÉTÉ EN FRANCE

sous la Restauration

PAR

ÉMILE DE BONNECHOSE

> L'homme qui ne s'appuie que sur lui-même n'est-il pas à la merci de tous les désirs ?
>
> Nisard. *Vie de Thomas Morus.*

II

A PARIS,

AU COMPTOIR DES IMPRIMEURS UNIS

COMON ET Cie

QUAI MALAQUAIS, N° 15.

1845.

CHRISTOPHE SAUVAL

OUVRAGES DE L'AUTEUR

HISTOIRE DE FRANCE depuis Clovis jusqu'à la révolution de 1830. 2 vol. in-12. . . . . 5 fr.

LES RÉFORMATEURS AVANT LA RÉFORME (XVe siècle). Jean Hus et le concile de Constance. 2 vol. in-8º. 10 fr.

LA MORT DE BAILLY, poëme couronné par l'Académie Française. Brochure in-8º. . . . . 1 fr.

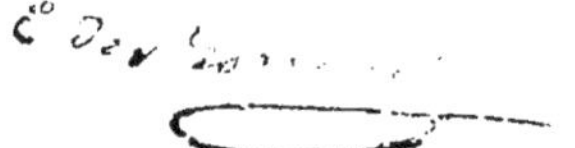

Paris. — Imprimerie d'A. René et Cie, rue de Seine, 32

CHRISTOPHE SAUVAL

OU

LA SOCIÉTÉ EN FRANCE

sous la Restauration

PAR

ÉMILE DE BONNECHOSE

L'homme qui ne s'appuie que sur lui-
même n'est-il pas à la merci de tous les
désirs ?
NISARD. *Vie de Thomas Morus.*

II

A PARIS,

AU COMPTOIR DES IMPRIMEURS UNIS

COMON ET Cie

QUAI MALAQUAIS, Nº 15.

1845.

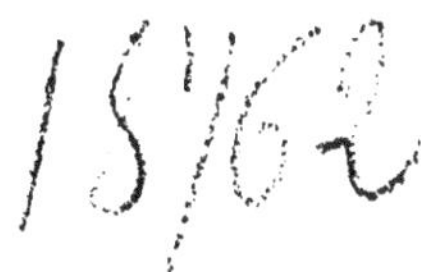

LIVRE IV.

I

—

Le Candidat.

———

Dans les premiers jours de septembre le
comte revint seul de sa famille à Paris où son
procès touchait à son terme ; il habitait avec
l'honnête Bertrand son petit appartement de
l'hôtel d'Orgeval, et il venait un matin de recevoir sa correspondance, lorsqu'après avoir
jeté les yeux sur une lettre, il fit un geste de
dépit et dit d'un ton chagrin : « Allons, ils

l'ont juré; ce petit héritage de mes enfans m'a porté malheur. »

M. de Kérolais sonna plus vigoureusement que de coutume et Bertrand reçut l'ordre de le coiffer et de l'habiller sur-le-champ. Chaque jour, pendant que Bertand donnait ses soins à la toilette de son maître, celui-ci aimait à causer familièrement avec son vieux serviteur, et ce jour-là surtout il sentait un besoin d'épanchement comme il arrivait toujours lorsqu'il avait quelque nouveau motif d'inquiétude ou d'agitation.

— Fais tes apprêts de voyage, dit-il, car, selon toute apparence, Bertrand, nous ne tarderons pas à nous mettre en route.

— M. le comte est triste ce matin; est-il arrivé quelque malheur ?

— Il est arrivé, Bertrand, qu'un député s'est laissé mourir pour me faire enrager : on veut absolument que ce soit moi qui le remplace.

— Vous, monsieur le comte! y pensez-vous?

— Hélas! il le faut bien; j'ai été fou de placer en France sous mon nom le peu de bien dont mes enfans ont hérité l'an dernier, du côté de leur mère : me voilà devenu éligible sans m'en douter. Je ne sais qui a pu leur dire cela au château; mais ils me cajolent maintenant, et ils ne me donneront ni paix ni trève qu'ils ne m'aient fait député.

— Eh, M. le comte, que ferez-vous dans cette chambre au milieu d'un tas de gens qui se disputent du matin au soir comme des chiens acharnés sur un os? Et qu'avez-vous besoin de vous tourmenter encore de cette scélérate de politique qui vous a déjà fait tant de mal?

— Je leur ai dit cela, Bertrand; mais ils ne veulent rien entendre : je sais bien que j'y perdrai mon repos, que j'y ferai du mauvais sang plus que personne, que toutes mes vieilles blessures vont se rouvrir; et pourtant quand je vois le roi entraîné vers l'abîme par ceux-là même qui devraient soutenir son trône, je ne puis lui refuser mon secours, lui disputer le reste d'une vie qui lui appartient; et tu peux m'en croire, de tous les motifs qui m'auraient fait hésiter aujourd'hui, le plus grave n'est pas le soin de mon repos ou la crainte du péril.

— Et qu'est-ce donc?

— Le serment, mon vieux, le serment; car, vois-tu, il faudra en prêter un à cette charte que je hais comme le péché, et je ne suis pas de ceux qui mettent leur conscience à l'abri derrière les restrictions mentales; je ne suis pas jésuite, moi!.. Et, si je n'avais pas vu dans la constitution un certain article 14 qui corrige lui seul tous les autres, on m'arracherait l'ame, je te le jure, plutôt que ce maudit serment.

— Et qu'est-ce qu'il dit donc cet article-là, M. le comte ?

— Il dit, Bertrand, que si le roi le juge nécessaire pour le salut de la France, il peut faire tout ce qu'il lui plaira, il sera le maître alors.

— Quoi ! M. le comte, le maître comme autrefois ?

— Oui, comme autrefois.

— Et il pourra gouverner sans la charte ?

— Assurément.

— Et il n'y aura plus de charte du tout ?

— Non, Dieu merci !

— Ainsi, M. le comte, prêter serment à la charte, cela signifie tout bonnement la mettre de côté ?

— Cela signifie, reprit M. de Kérolais d'un ton sévère, jurer de tout faire au besoin pour le salut de la France et de la monarchie.

— Tenez, monsieur, je ne comprends goutte à tout ça ; je ne suis qu'un pauvre homme moi, et pas du tout savant comme vous sur la politique : il me semble cependant que la France est assez tranquille, et si on laissait les choses aller tout doucement leur petit train il n'y aurait peut-être pas grand mal.

— Comment, Bertrand, ne vois-tu pas que le libéralisme gagne du terrain, qu'il monte comme une mer et nous envahit de toutes parts. Si nous le laissons faire, si nous attendons encore un peu, ce sera fait de nous et du trône ; nous devons étrangler cette bête enragée, autrement elle nous étranglera nous-mêmes, et il faut être à moitié jacobin pour n'en pas convenir : ne vois-tu point cela, Bertrand ?

— Oui, M. le comte, je vois bien quelque chose comme ça ; mais, sauf votre respect, si, en attaquant ce monstre-là, nous le manquons par hasard, il est diantrement à craindre qu'il ne nous manquera pas lui ; tandis que, si nous ne lui disons rien, et passons droit notre chemin, il ne nous mordra peut-être pas non plus.

— Erreur ! erreur ! le jacobinisme est insatiable de sang, et c'est notre irrésolution, notre mollesse qui fait ajourd'hui sa force : l'armée n'est-elle pas admirable et toute dévouée ? Que le roi veuille seulement ! Oh ! quand le verrons-nous enfin monter à cheval et dire : *je veux*, en portant la main sur son épée !

—Oh ! pour lors, M. le comte, il fera bien de jeter le fourreau.

— Ce sera un beau jour, Bertrand ! dit le vieux gentilhomme avec enthousiasme.

— D'accord, monsieur ; ce jour-là, tout de même, pourra bien durer vingt ans, et sa majesté qui n'est pas jeune est dans le risque de n'en voir jamais la fin.

—Et quand cela serait? ne vaut-il pas mieux, pour un fils de Henri IV, périr en défendant glorieusement sa couronne, que vivre pour s'en laisser arracher l'un après l'autre les fleurons par un tas de bavards et d'écrivassiers? Allons, Bertrand, voilà qui est dit, ce serait lâcheté à moi maintenant de refuser le combat, je serai député.

— Et quand partons-nous, M. le comte ?

— Dans huit jours.

— Et nous allons ?

— A Chateaulin.

— A Chateaulin ! s'écria Bertrand en laissant le peigne enseveli dans la perruque de son maître et joignant les mains, à Chateaulin ?

— Qu'as-tu donc, Bertrand ?

— Quoi, M. le comte, après trente-cinq ans nous retournons au pays ! Car nous ne passerons pas loin de vos anciens domaines où jusqu'alors vous n'avez jamais voulu remettre les pieds ; nous reconnaîtrons de la route le clocher de Kérolais, et, si nous nous détournions seulement un peu de notre chemin, sur la gauche, nous verrions le vieux château...

Que dites-vous de ça, M. le comte, après si long-temps on est si heureux de visiter son village! Et ça me rendrait tout gaillard de revoir seulement ces beaux domaines!

— Ah Bertrand! si tu les avais possédés, toi, tu ne parlerais pas de la sorte, et cela te fendrait le cœur de les revoir aux mains d'un autre.

— Le bon temps reviendra, M. le comte, tout s'arrange avec de l'argent et bientôt vous n'en manquerez pas; car, avant huit jours, votre procès sera gagné.

— Dieu le veuille! dit le comte en poussant un soupir qui annonçait pour le moins autant de doute que d'espérance : mais, comme je te le disais tout à l'heure, le libéralisme nous envahit, il gangrène jusqu'à nos juges : n'ont-ils pas acquitté *le Constitutionnel?*

— J'espère tout de même moi, et, par bonheur, il n'y a pas de politique dans votre procès, et M. Sauval a plaidé hier comme un ange : J'ai même entendu dire après son discours à un vieux malin d'avocat en robe noire que votre affaire était bonne.

— Vraiment, tu as entendu cela? dit le vieux gentilhomme en souriant et se redressant, tandis que Bertrand achevait de le poudrer.

—Oui, de mes deux oreilles. Ayez donc bon courage, M. le comte : vous gagnerez ; vous ferez un pont d'or à ce coquin qui tranche du maître aujourd'hui chez vous, et nous rentrerons en vainqueurs dans la place.

— Tu crois, Bertrand? dit le vieux gentilhomme en faisant cette fois un quart de conversion sur son fauteuil, de manière à pouvoir envisager son ancien garde-chasse.

— Eh! sans doute, monsieur, je compte bien, avant de mourir, vous saluer encore une fois comme maître et seigneur du beau domaine de Kérolais, et, quand nous en serons là, adieu ma toilette de valet-de-chambre : je reprends ma carnassière et mes grandes guêtres de cuir; car tenez, j'aime encore mieux l'odeur de la bonne et vraie poudre à gibier que le parfum de celle-ci.

Et, tout en parlant, il secoua la houppe qu'il tenait à la main, et fit voler autour de lui un nuage de poudre à perruque. « Il me semble, ajouta-t-il, que je ne sentirai plus ma goutte quand je me promènerai sur nos belles bruyères, le fusil sur l'épaule, et que je retrouverai alors mes jambes de quinze ans. »

— Et moi aussi cela me rajeunirait, mon vieux. Il n'y a pas de musique qui me fît plus de plaisir que le bruit du vent et le chant des corbeaux dans mes hautes futaies; et, malgré la soixantaine qui approche, je ferais encore bien mes dix bonnes lieues à pied pour revoir les grands arbres de l'avenue, si je pouvais seulement croire qu'ils sont à moi.

— Et ils seront à vous, M. le comte; c'est moi qui vous le dis. Vous serez avant peu seigneur de Kérolais tout comme jadis, et vous mangerez de ma chasse, et je vous verrai encore tirer quelques bons coups. Vous souvenez-vous du petit bois de châtaigniers où nous allions le matin nous mettre à l'affût? En avons-nous tué en ce temps-là des lapins? En avons-nous fait de bonnes parties? N'est-il pas vrai, M. le comte, et de plus d'une sorte encore?

— Je crois bien, reprit gaîment le vieux seigneur, et je n'oublierai jamais le petit clos où tu m'as fait tirer en cachette mon premier coup de fusil.

— Ni moi non plus, car je fus joliment grondé au château, et ce n'est pas la seule fois que j'ai eu l'honneur de l'être à votre sujet. Vous rappelez-vous cette fameuse soirée où j'étais en sentinelle sur le pont de la petite rivière, pendant que vous causiez avec la fille du meunier Thomas?

— Oui, parbleu! je m'en souviens, dit le comte d'un ton gaillard; mais l'ennemi a été plus fin que toi, Bertrand : le père Thomas nous a empêchés de causer, et il n'entendait pas du tout la plaisanterie, le brave homme.

— Et nous en avons pâti tous les deux. Je faillis, ce jour-là, dire adieu pour tout de bon au château de Kérolais.

— Et moi, Bertrand, je reçus de mon père la plus vigoureuse semonce.

— Sans compter la morale que vous fit votre ami, M. Renaud. Il ne plaisantait pas non plus celui-là, et à dix-huit ans il en paraissait bien trente : c'était un Caton, M. Renaud.

Le visage du comte s'était rembruni tandis que son vieux serviteur achevait de parler, et il répondit d'une voix plus basse :

— Tu as raison, Bertrand, et l'on n'aurait pas cru alors qu'il tournerait si mal.

— Tenez, monsieur, après tout, c'était un brave jeune homme que M. Renaud.

— Dis plutôt un forcené, un homme que mon père a reçu chez lui par charité, et qui a pris d'assaut la maison où il a été nourri.

— Sauf votre respect, monsieur, continua Bertrand, les bleus, sans M. Renaud, auraient fait bien pis chez vous qu'ils n'ont fait : ils auraient tout tué, tout saccagé.

— Et il faut, n'est-ce pas? répliqua aigrement le comte, il faut que je sache gré à cet homme de ce qu'il n'a point brûlé ma maison après l'avoir prise, après m'avoir chassé ? Tu es fou, Bertrand.

— Ma vieille tête est folle, monsieur le comte, je le veux bien ; mais souffrez que je vous le dise, je ne croirai jamais que M. Renaud ait eu l'intention de vous faire du mal... Vous étiez si grands amis autrefois.... Tant il y a qu'un jour il a reçu pour vous une bonne blessure au front, et je gagerais bien que tant qu'il vivra, il en portera la marque.

— Assez, assez, reprit le vieux vendéen avec impatience ; ne me parle plus de cet homme ; je l'aimais aussi, moi ; mais je ne connaissais alors ni son orgueil ni ses exécrables principes. Le malheureux ! il m'a chassé moi et les miens ! et pourtant, je le sais, il y en a qui veulent que je sois toujours son obligé, qui pensent bonnement que nous pourrions encore être amis. Ah ! Bertrand, ces gens-là ne savent point toute la distance qu'il y a entre un jacobin et un homme comme moi !... Oui, certes, je serais bien heureux de recouvrer mon vieux domaine de Kérolais, je pleurerais de joie en revoyant ses murs enfumés ; mais mon plus grand bonheur, mon bonheur immense, et que je ne puis dire, serait de penser que le sol possédé pendant trois cents ans par dix générations de mes ancêtres, et que leurs ossemens possèdent encore, a cessé d'être au pouvoir d'un jacobin.

La toilette du comte était achevée, et un bruit de pas sur l'escalier mit fin à cet entretien. Bertrand annonça Christophe Sauval à son maître, et reçut l'ordre de chercher une voiture de place. Christophe était venu donner à M. de Kérolais d'utiles avis; car l'issue du procès lui inspirait de vives inquiétudes.

— Hé bien, M. Sauval, quelles nouvelles m'apportez-vous ce matin? dit le comte après avoir offert un siége à son avocat.

— Des nouvelles peu favorables, monsieur, votre partie est forte et ne néglige aucun moyen de succès.

— Oui, je sais cela, et je n'ai pour moi que votre talent et mon bon droit.

— Cela ne suffit pas.

— Que voulez-vous que j'y fasse? je n'y puis rien.

— Pardonnez-moi, monsieur le comte, vous pourriez faire quelques démarches utiles.

— Comment cela?

— Il serait dans votre intérêt de visiter vos juges, de leur exposer vous-même vos droits.

— Moi! moi! s'écria M. de Kérolais indigné, que je sollicite mes juges! que je m'abaisse au vil métier d'intrigant ou de flatteur!

Non, monsieur, et si la justice est vénale, je n'aurai pas à me reprocher de l'avoir corrompue.

— Vous m'avez mal compris, sans doute : je n'ai garde de mettre en doute l'intégrité de vos juges ; il ne s'agit pas de les séduire, mais seulement de les voir, et d'appeler vous-même leur attention sur vos intérêts, en un mot de vous les concilier par une simple visite de politesse.

— Il suffit, monsieur, dit le comte en étendant son bras sur celui de Sauval, je n'aime point ces distinctions subtiles, mes droits sont clairs, positifs, et vous les avez parfaitement exposés dans votre plaidoyer, vous en avez dit assez pour convaincre tout homme raisonnable, et je ne saurais dire ni mieux ni davantage. Si le bon droit est seul écouté, mon procès est déjà gagné ; si, au contraire, il faut acheter la justice par des présens, ou la mendier avec des révérences, c'est une affaire finie, j'ai perdu.

— Encore une fois, monsieur le comte, il ne s'agit pas de cela, vous envisagez mal la question ; prenez au moins le temps de réfléchir, car il y va de la fortune de vos enfans.

M. de Kérolais baissa la tête et garda un moment le silence ; lorsqu'il la releva ses yeux brillaient d'une noble fierté.

« M. Sauval, dit-il, le plus bel héritage qu'un père puisse laisser après lui est un nom sans tache, et, grace à Dieu, cet héritage ne manquera pas à mes enfans. »

Bertrand interrompit la discussion en annonçant au comte que la voiture qu'il avait demandée l'attendait à la porte. Christophe désespérant de vaincre l'obstination du vieux gentilhomme, se leva pour sortir ; le comte l'arrêta en lui touchant doucement l'épaule.

— Croyez-moi, M. Sauval, dit-il ; si en 1815 j'avais voulu faire comme tant d'autres, au lieu du mauvais fiacre qui m'attend, j'aurais à mes ordres aussi bien qu'eux une belle et bonne voiture, je recevrais des coups de chapeau de tous ceux qui ne voient dans l'homme que l'habit qu'il porte, et je n'aurais pas besoin d'aller supplier mes juges. Mais je n'ai point refusé de balayer pendant quinze ans les antichambres des princes et des plus illustres seigneurs de la monarchie pour baiser aujourd'hui des robes rouges de nouvelle fabrique.

Trois jours après cet entretien le comte perdit son procès, et ne toucha pas un centime des 500,000 fr. qui lui avaient été alloués pour sa part de l'indemnité. Il subit cette disgrace avec constance, non toutefois sans laisser échapper

contre ses juges quelques sanglantes épigram-
mes.

Sauval conçut un véritable chagrin de cet
événement qu'il avait prévu, et le comte, qui
rendait justice à son zèle et à son talent, fut
plus affable encore envers lui qu'il ne l'eût été
peut-être si le succès eût couronné ses efforts.
Il partit bientôt, moins pour aller briguer
l'honneur de la députation que pour en accepter le fardeau.

Un grand changement s'opéra vers le même
temps dans la fortune de Christophe Sauval :
son oncle André mourut subitement, après l'a-
voir nommé son légataire universel, et Christophe partit aussitôt pour recueillir à Nantes
sa riche succession, tandis que M. de Kérolais, toujours pauvre et toujours brûlant
d'un enthousiasme chevaleresque pour une
cause à laquelle il avait fait en vain tant de sacrifices, lui immolait encore le repos de sa
vieillesse, et suivait avec son fidèle Bertrand
la route de Chateaulin.

Le vieux Château.

SAUVAL se vit avec joie possesseur d'une fortune considérable ; ce n'était pas que son ame fût dévorée de la soif des richesses : dominé par un excessif amour-propre, l'argent était pour lui non un but, mais un moyen, et le désir de s'enrichir avait toujours été subordonné en son cœur à celui de grandir en renommée : il était naturel qu'il rendît doublement grace à un événement susceptible de diminuer la distance qui, dans l'esprit du comte, le séparait d'Alice, et l'on devine son bonheur, lorsqu'en parcourant des feuilles d'annonces, il apprit que le château et toute la partie non morcelée de l'ancien domaine de Kérolais étaient en vente.

M. Durand, riche industriel, qui, pendant la révolution, avait acquis ce domaine comme propriété nationale, venait de quitter la France à la suite d'une banqueroute, et ses créanciers vendaient ses biens. Le comte, depuis la perte de son procès, n'avait plus aucun espoir de recouvrer son héritage; il ne pouvait en conséquence accuser personne de lui faire tort en l'acquérant, et, dans l'opinion de Christophe, s'il existait un homme que M. de Kérolais consentît à accepter pour gendre sans lui demander de faire preuve de noblesse, cet homme serait sans doute celui qui unirait à des droits à sa reconnaissance et à son estime ceux de possesseur du manoir de ses pères. Frappé de cette pensée, Christophe n'eut de repos que lorsqu'il en fut irrévocablement le maître et il n'eut pas même le temps de le voir avant de l'acheter; car l'adjudication devait se faire le jour suivant à midi, dans la ville de Rennes. Il s'y rendit sur le-champ, écrasa ses concurrens en portant l'enchère, dès son premier mot, fort au-delà de toutes les offres, et partit pour visiter son nouveau-bien, le lendemain du jour qui l'en rendit possesseur. Il arriva dans la soirée.

Le château de Kérolais, bâti sur un côteau peu élevé qui fait partie du bassin de la rivière d'Aulne, était formé d'un corps de logis et de deux ailes avancées, défendues à leurs angles par des tourelles jadis fortifiées et maintenant en ruines. Pris et repris plusieurs fois pendant les guerres de la révolution, il avait eu presque également à souffrir de la part des deux partis ennemis : lorsqu'il tomba pour la seconde fois au pouvoir des bleus, Renaud n'était plus là pour le garantir contre le vandalisme des vainqueurs, et une aile du bâtiment presque tout entière fut livrée aux flammes. Il n'y avait aucune partie du château qui ne portât quelques traces de destruction. M. Durand, qui en fit le premier l'acquisition, respectable et excellent homme autant qu'on peut l'être lorsqu'on ramène toutes les questions de ce monde à une règle d'arithmétique et qu'on tient pour superstition toute croyance qui n'a point la matière pour objet et pour Dieu, M. Durand ambitionna la gloire de faire fleurir l'industrie dans cette partie de la Bretagne, et, à cet égard, il n'était nullement à blâmer. Il transforma la moitié du château en manufacture de toiles, aban-

donna l'aile incendiée, et fit disposer l'autre
pour lui et sa famille. Il va sans dire qu'il n'eut
garde de réparer la chapelle, et qu'il ne con-
serva qu'à son corps défendant une petite bibliothèque qu'il ne s'attendait guère à trouver
dans un vieux manoir féodal.

L'existence de cette bibliothèque et surtout
sa préservation pourront paraître chose assez
bizarre au lecteur. Le fait est pourtant très-
réel : la collection avait été formée par les
soins du sire Olivier de Kérolais, bisaïeul du
dernier propriétaire, homme distingué par ses
connaissances historiques et avide de tout ce
qui pouvait faciliter ses recherches sur les an-
tiquités de son pays. Il ne transmit point ses
goûts studieux avec ses livres à ses descendans ;
mais ceux-ci conservèrent la bibliothèque
intacte par respect pour la mémoire du fonda-
teur, et elle ne reçut guère d'eux pour tout
supplément que quelques recueils généalogiques. Sa situation la préserva de l'incendie qui
ravagea l'aile opposée du château ; mais ce
danger n'était pas le seul qu'elle eût à redouter,
et elle eut moins à souffrir des ravages de la
guerre civile que de l'indifférence de M. Durand
pour la littérature et les sciences. Sa première
pensée avait été de vendre les volumes au poids,
à M. Rigaud le plus riche épicier de Chateau-

lin, mais beaucoup d'ouvrages étaient écrits sur
parchemin, et ne se seraient prêtés qu'avec une
répugnance manifeste à envelopper la cassonade ; le papier de la plupart des autres, vu sa
vétusté, n'offrait pas une garantie suffisante aux
consommateurs : il fallut renoncer à ce projet.
L'industriel reçut avis alors de transporter sa
marchandise à Paris où quelques gens possédés
de la sotte passion des vieux bouquins , pourraient la priser au-dessus de l'estimation de
M. Rigaud ; mais il y avait loin du château à
Paris, la collection n'était pas légère, et il était
fort douteux que le débit couvrît les frais du
transport. Quelqu'un alors suggéra officieuse-
ment au propriétaire d'en faire hommage à la
bibliothèque du chef lieu : si ce conseil eût été
donné quelques années plus tard, notre homme
l'eût volontiers suivi : la spéculation en effet
aurait pu être bonne; peut-être bien M. Durand
eût-il obtenu un ruban en échange de son
ballot ; mais le bon temps n'était pas venu
pour les industriels, et la manne céleste des
croix d'honneur ne pleuvait pas encore sur
eux ; il était clair qu'en donnant ses volumes,
M. Durand les donnerait pour rien , et il aurait
autant aimé les jeter au fond de la rivière :
force lui fut donc de les laisser en place faute
d'avoir pu trouver à s'en défaire avec avantage :

mais à peine eut-il ouvert des ateliers dans son château qu'il se fit un malin plaisir d'allumer ses poêles avec ses livres. Il est probable que ceux-ci auraient tous pris le même chemin si l'établissement eût prospéré ; il n'en fut pas ainsi, et la ruine de la manufacture contribna grandement au salut de la bibliothèque.

Depuis trente ans, non-seulement le château avait changé de face, mais presque toute la contrée aux environs présentait un aspect différent. Deux autres grands capitalistes avaient suivi l'exemple de M. Durand et furent beaucoup plus heureux. Ils bâtirent, sur le bord même de l'Aulne, une vaste manufacture, qui, beaucoup mieux située que la première, fit à celle-ci un tort immense : ils eurent en outre le bon esprit de s'entendre avec les curés des paroisses voisines pour qui M. Durand affichait un grand mépris ; ils respectèrent les croyances de la population et s'occupèrent de l'amélioration morale de leurs ouvriers comme de leur bien-être physique. Le résultat de leurs efforts fut d'attirer tous les travailleurs dans leurs ateliers, et d'obliger M. Durand, haï comme l'antéchrist, à fermer les siens. En peu d'années divers genres d'industrie prospérèrent dans le pays, et le même cours d'eau mit en mouvement deux moulins à papier. Une partie considérable du domaine de Kérolais fut alors achetée par des hommes laborieux : un grand nombre de petites maisons s'élevèrent occupées, les unes par les ouvriers de la manufacture, les autres par des paysans qui, travaillant pour leur compte, eurent bientôt défriché des bruyères et de vastes landes incultes : on traça de nouveaux chemins; le hameau devint un village, et un marché y fut ouvert. La population était plus que doublée quoique le temps eût moissonné presque tous les habitans qui avaient pu connaître les anciens possesseurs du pays ; à peine la mémoire de ceux-ci se conservait-elle autour de leur demeure; tous leurs anciens serviteurs étaient morts ou s'étaient dispersés. Le nouveau propriétaire n'entretenait qu'un petit nombre de domestiques sur ses domaines, et aucun d'eux n'avait connu les Kérolais. Le concierge seulement appartenait à une famille qui les avait servis pendant plusieurs générations ; mais il était trop jeune pour en avoir gardé un souvenir : d'ailleurs, tout autre soin que celui d'amasser de l'argent le touchait peu; il était né pour être valet et ne songeait qu'à se rendre agréable à ses maîtres quels qu'ils fussent.

Aussitôt que cet homme, qui avait nom Baptiste, eut reconnu Christophe Sauval pour son patron, il ôta révérencieusement son bonnet qu'il tordit dans ses mains, tandis qu'il tirait le pied droit en arrière, et il proposa ses petits services au nouveau seigneur du château avec autant de bonne grace qu'un sordide intérêt put en inspirer à sa rusticité. Christophe était impatient de visiter sa propriété nouvelle, et fut d'abord introduit dans la seule partie habitable du bâtiment, où il trouva tout ce qui lui était nécessaire pour un séjour de quelque durée. « Plusieurs lits avaient été récemment mis en état, dit en souriant Baptiste, pour les jeunes messieurs Durand, qui venaient tous les ans à cette époque. Cela était fort heureux, ajoutait-il, pour M. Sauval, qui dormirait au château aussi bien qu'à Paris. »

Il conduisit son nouveau maître successivement dans toutes les chambres, et offrit de lui servir non-seulement de concierge, mais encore de cuisinier, pendant tout le temps de son séjour dans cette résidence, ainsi qu'il avait fait pour ces jeunes messieurs, qui avaient été fort contens de son petit savoir-faire.

La nuit approchait, et il tardait à Christophe d'être délivré du plat et importun bavardage de cet homme. Il se hâta d'accepter ses services et de le congédier, en lui ordonnant de préparer un lit et de monter de la lumière et quelques rafraîchissemens dans une des chambres, qu'il indiqua. Lorsqu'il se vit seul, il descendit avec l'intention d'examiner à loisir la position du château.

Les larges fossés qui l'entouraient avaient été en partie comblés par les ruines des fortifications dont quelques restes étaient encore debout ; de distance en distance on voyait un pan de murailles ou un débris de vieille tour féodale. Lorsque Christophe entrevit ces ruines imposantes pour la première fois, quelques reflets de lumière éclairaient à peine l'horizon : l'obscurité croissante épaississait aux yeux les masses de lierre dont elles étaient couronnées, et ajoutait à la majesté de ces orgueilleux débris, qui semblaient défier encore la main du vainqueur. Christophe les compara dans sa pensée à l'ancien possesseur du domaine, à qui l'infortune n'avait rien ôté de son orgueil et de sa fierté dédaigneuse : il récapitula dans sa mémoire, en marchant lentement au pied de ces décombres, toutes les paroles hautaines qu'il avait entendues sortir de la bouche de l'indomptable vieillard et les humiliations qu'il avait dévorées en silence. Il comprit mieux qu'il ne l'avait fait encore qu'en dépit de sa fortune et de sa réputation il ne serait jamais regardé par cet homme comme son égal, et cette réflexion importune excita son indignation et sa colère. Il entra enfin, le cœur agité de mouvemens tumultueux, dans l'ancienne chapelle seigneuriale, située à l'extrémité du jardin.

La nuit était venue, et déjà les rayons de la lune pénétraient à travers les larges ouvertures du toit en partie démoli, et tombaient sur les dalles brisées de la chapelle. Christophe, malgré la mousse verdâtre qui en recouvrait une partie, put distinguer sur ces dalles les noms de quelques-uns des ancêtres de la famille Kérolais, accompagnés de titres et d'armoiries fastueuses. Il vit, sur un marbre fendu dans toute sa longueur, un chevalier revêtu de son armure, et dont la contenance martiale semblait lui jeter le défi ou la menace. Incapable à cette vue de réprimer un mouvement involontaire:

» Toi et les tiens vous êtes vaincus, dit Christophe en frappant du talon cette figure farouche : l'intelligence a dompté la force brutale; le temps a brisé le fer dans vos mains comme sur vos tombeaux. M'insulterez-vous encore du fond du sépulcre, moi qui puis, s'il me plaît, jeter votre poussière aux vents et poser sur ma tête une couronne de comte semblable à la vôtre ? mais je méprise trop ces hochets de l'orgueil, ces armoiries insolentes, et j'aime mieux les fouler aux pieds. »

Il sortit de la chapelle et rentra au château
enivré de sa fortune ; puis, après avoir pris une
légère collation , il se mit au lit , la tête remplie
de ces pensées dont bientôt le doux souvenir
d'Alice tempéra l'énergie hautaine. Il se plut à
se figurer l'aimable fille parcourant avec lui ce
beau domaine , faisant partout sentir autour
d'elle l'influence de ses grâces et de ses vertus ,
et il crut entendre déjà un concert flatteur s'é-
lever sur leurs pas , et confondre leurs deux
noms en un seul. Il s'endormit au milieu de ces
illusions , et de doux rêves bercèrent son sommeil jusqu'au lendemain.

III

Un Écusson.

Christophe s'éveilla presque avec le jour,
et, ayant résolu de parcourir son domaine
sans retard, il donna l'ordre à Baptiste de l'accompagner et de lui servir de guide : il acheva
de visiter les environs dans une seconde ex-
cursion qu'il fit après son déjeuner, et lorsqu'il
se fut assez bien orienté pour reconnaître son
chemin, il congédia son *cicerone*, et poursuivit seul sa promenade.

Il rentrait au château en suivant une route autrefois plantée de beaux arbres, et qui formait l'avenue seigneuriale, lorsqu'il vit, à quelque distance devant lui, deux hommes dont la tournure et le costume lui étaient familiers : ils s'arrêtaient souvent, et l'un d'eux, en parlant à son compagnon, dirigeait sa canne de côté et d'autre comme pour lui montrer des lieux connus.

Le premier, qui portait de la poudre et une petite queue selon la mode du vieux temps, ressemblait fort à M. de Kérolais ; le second, légèrement boîteux d'un pied, vêtu d'un habit vert, taillé à la française avec galon d'or au collet, et la tête coiffée d'un chapeau à cornes, était la vivante image de Bertrand. Christophe ne pouvant en croire ses yeux, doubla le pas, les deux étrangers se retournèrent presque aussitôt et le reconnurent.

« M. Sauval ! s'écria l'un d'eux, est-il possible ?

— Monsieur le comte, dit Christophe en s'approchant, je suis surpris, confondu !...

— Oui, sans doute, reprit M. de Kérolais, il doit vous paraître bizarre de me voir ici ; car j'avais résolu de n'y jamais remettre les pieds, et certes vous ne m'y verriez pas si le domaine appartenait encore à ce mauvais

drôle qui a fait banqueroute ; mais j'ai appris
que le château n'était pas habité. Bertrand m'a
supplié de le ramener pour un jour au pays...
et nous y voilà... Nous devions être rendus ici
dans la matinée pour reprendre la voiture
de Châteaulin qui passe deux fois par jour
à la *Croix - Blanche*. Un accident nous a re-
tenus deux mortelles heures sur la route, et
peut-être nous faudra-t-il, bon gré, mal gré,
coucher à l'auberge... car on dit qu'il y en a
une à présent au village... Mais, vous, M. Sauval, comment se fait-il que vous soyez ici ?

— J'y suis depuis hier seulement, dit Christophe, évitant de répondre directement au
comte.

— Et par quel hasard ?

— Je suis venu visiter le château.

— On m'a dit qu'il était en vente.

— Il est vendu.

— Et qui donc a acheté ce domaine ? demanda M. de Kérolais en reculant de deux
pas, tandis qu'il attachait sur Christophe des
yeux perçans.

— Moi, répondit celui-ci en baissant les
siens.

— Vous, monsieur ! !

Le ton de cette question subite et provoquée
par une pénible surprise était propre à blesser

profondément la susceptibilité orgueilleuse de celui à qui elle s'adressait; mais Christophe vit sur les traits du comte l'expression d'une poignante douleur, d'un immense regret, et il répondit :

« Faites-moi la grace, monsieur le comte, de passer quelques jours sous ce toit et de le regarder comme vôtre. »

M. de Kérolais, en proie à une forte émotion, demeura quelques instans silencieux : il combattit des mouvemens violens; il aurait beaucoup donné pour n'être jamais venu, pour qu'il lui fût possible de s'éloigner sur-le-champ; mais il n'avait aucune excuse à alléguer, et un refus eût été une insulte. Il regarda donc, tour à tour, le château, puis Christophe, puis encore le château, et finit par dire :

« Je vous remercie, monsieur, et, pour cette nuit, j'accepte. »

Il se tut, fit encore quelques pas, et déjà il n'était plus qu'à une portée de fusil de la grille principale, il pouvait voir les hautes herbes et les ronces qui croissaient en liberté dans la cour d'honneur, les débris des poteaux seigneuriaux épars le long du fossé, son écusson brisé au fronton de l'édifice, et les outrages que le temps, le fer et la flamme avaient faits à ces vieilles murailles témoins des splendeurs éclipsées de sa famille. A cette vue, il s'arrêta encore une fois et, vaincu sans doute par la violence de ses émotions, il s'assit sur une borne le long du chemin et demeura immobile, les yeux fixés sur la demeure de ses pères.

Enfin il rompit le silence, et demanda si quelque ancien serviteur de sa famille habitait encore le château. Ayant reçu de Christophe une réponse négative, il le pria néanmoins de ne le point nommer et le suivit dans le pavillon où il partagea le repas préparé par le vigilant Baptiste pour son nouveau maître.

Le comte, pendant le dîner, rappela toute sa fortitude et détourna l'entretien des souvenirs qui oppressaient son cœur; car il en coûtait trop à sa fierté de trahir ses agitations secrètes en présence de Christophe, qui apprit alors que M. de Kérolais avait été la veille élu député à Châteaulin. Il le félicita de son heureux succès.

— Faites-moi plutôt, dit le comte, votre compliment de condoléance, car j'ai pris un pesant fardeau, et je compte bien qu'avant peu vos journaux et moi nous aurons maille à partir ensemble... Heureusement, ajouta-t-il en regardant Sauval et s'efforçant de sourire, vous serez là pour attester à ces hautes puissances que les vieux amis de la monarchie ne sont pas tous des loups aussi enragés qu'on le persuade au bon peuple.

Il se leva de table, et Christophe le conduisit dans une chambre voisine de la sienne en l'invitant à prendre quelque repos.

— Tout est ouvert dans le château, lui dit-il, et le plus grand honneur que vous m'y puissiez faire est de vous y croire encore chez vous.

Puis, par un sentiment de délicatesse dont le comte lui sut gré, il allégua quelques affaires pour se dispenser de l'accompagner dans la visite des lieux dont l'aspect devait lui être à la fois si cher et si pénible. Il sortit, et son hôte demeura seul, car Baptiste faisait alors au vieux Bertrand les honneurs de la cuisine.

A peine M. de Kérolais se vit-il livré à lui-même, que, cédant à un mouvement impétueux et trop péniblement contenu, il sortit de sa chambre et entra d'un pas précipité dans la pièce voisine, d'où la vue s'étendait jadis au couchant sur un magnifique bois de haute futaie dont il avait conservé un vif et poétique souvenir; mais le bois était depuis long-temps défriché; le terrain avait été transformé en champs et en pâturages, et le lieu même où s'élevaient autrefois les plus beaux arbres était occupé maintenant par un humble champ de fèves. Le vieux gentilhomme haussa les épaules, poussa un profond soupir, et détourna les yeux. Il traversa l'une après l'autre toutes les chambres, et partout de

nouveaux sujets de douleur lui arrachèrent un
geste expressif ou une exclamation involontaire.
Les traces encore visibles des métiers de tisse-
rand dans les appartemens d'honneur l'indignè-
rent autant que la vue de l'ignoble champ de
haricots ; et lorsque, d'un balcon rouillé, il
eut aperçu la chapelle en ruines : « Les bar-
bares ! » s'écria-t-il en élevant les mains au
ciel. Enfin il entra dans l'aile gauche, où l'incendie avait jadis fait le plus de ravages. Ce fut
là, dans une des chambres de cette aile en partie détruite, que Bertrand rejoignit son maître :
celui-ci avait la tête découverte, et contemplait
avec un respect douloureux un enfoncement
pratiqué dans un mur où l'on reconnaissait une
ancienne alcôve. Un des pans de la muraille
avait été noirci par la fumée ; des figures gros-
sières étaient charbonnées sur l'autre.

— Bertrand, dit gravement le comte, c'est
ici qu'était le lit de ma mère ; c'est là que je
reçus à genoux sa dernière bénédiction. Sainte
et digne femme ! j'envie son bonheur, car elle
n'a pas vécu pour voir ce que j'ai vu... Allons-
nous-en : cela fait mal.

M. de Kérolais sortit aussitôt, et descendit
dans la cour du château : là, jetant encore autour de lui des regards désolés, il dit :

—Si je n'avais donné ma parole, je partirais

à l'instant même, et je ne resterais pas une minute de plus sur ce théâtre de dévastation et de
sacrilége.

Bertrand suivit son maître hors de l'enceinte
du château, et, chemin faisant, il lui dit :

— Moi aussi, monsieur, j'ai vu de bien tristes choses.

— Et qu'as-tu vu, mon pauvre Bertrand ?

— Notre belle fauconnerie et le grand chenil
tout neuf que feu monsieur votre père avait fait
bâtir tout exprès... ah ! monsieur !

— Je comprends, mon vieux : ils ont tout
détruit, n'est-ce pas ?

— Oh ! ça ne serait rien encore ; mais ils ont
tout révolutionné.... Savez-vous ce que j'ai
trouvé à la place où mes faucons battaient de
l'aile et aiguisaient leur bec d'impatience quand
ils me voyaient venir ?.... Des poules ! M. le
comte, de misérables poules !.... Et le chenil
superbe où, chaque matin, tant de fiers ani-
maux bondissaient, hurlaient que c'était une
joie, n'en ont-ils pas fait, sauf votre respect,
une étable à pourceaux ?... C'est comme j'ai
l'honneur de vous le dire.... J'étais dans une
fameuse colère, je vous jure, et pourtant,
quand Baptiste m'a conté que ces scélérates de
poules et cette étable faisaient toute la fortune
d'une pauvre fille de basse-cour, qui soutenait

ses pauvres père et mère malades et infirmes en
vendant son lard et ses œufs au marché..... ça
m'a ému.... quoi !.... je n'ai plus eu le cœur de
me fâcher.... Mais ces révolutions-là ça fait mal
à voir tout de même.

M. de Kérolais fit pour toute réponse un léger mouvement d'épaule, et poursuivit son
chemin en se dirigeant vers la rivière. Cette partie du domaine était entièrement méconnaissable pour le comte, dont les regards, loin d'y
embrasser, comme jadis, une vaste plaine in-
culte et couverte de genets sauvages, étaient
maintenant arrêtés et circonscrits à chaque pas
par des fossés ou des murs de clôture. La contrée offrait de ce côté une apparence de prospérité remarquable dont Bertrand s'émerveilla
en comparant ce qui existait à présent avec ce
qui avait été jadis. Mais le vieux comte ne voyait
rien de tout cela, et, plein des souvenirs du
passé, il dit en tournant autour d'un mur d'une
longueur désespérante.

— Oh ! mes belles bruyères, Bertrand ! c'est
fini, nous ne les reverrons plus.

— Hélas ! monsieur, répondit Bertrand en
donnant un soupir au théâtre de ses anciens
exploits, il n'y avait pas à dix lieues à la ronde
de meilleur terrain pour le chasseur : c'était

une vraie garenne de prince. Ça fend le cœur
de penser qu'il n'y a plus de bons coups à faire
par ici. Il faut avouer cependant qu'à la place
de nos beaux genêts et de nos taillis ils ont mis
tout plein de petites maisons bien gentilles, et
que ce pauvre peuple a maintenant tout l'air
d'être à son aise.

—Lorsque mes pères possédaient ce domaine,
répliqua sèchement le comte, ont-ils jamais
fermé leur porte à l'indigent ? Les malheureux
périssaient-ils de besoin sur leurs terres ?

— Non, monsieur le comte, c'est une justice
à leur rendre, et même je viens de voir encore
tout à l'heure dans un trou, sous le perron du
château, le banc des pauvres où les indigens
venaient recevoir l'aumône et leur pitance :
mais il me semble pourtant, sauf votre respect,
qu'il vaut mieux que le peuple gagne sa vie
en travaillant qu'en tendant la main.

Le comte ne voulait pas comprendre :

— Sornettes que tout cela, dit-il, le peuple
n'est jamais content : plus il a, plus il veut
avoir; enrichissez-le, il devient insolent,
éclairez-le, il devient athée. Belle besogne en
vérité ! pour moi, Bertrand, le bruit de ces mécaniques m'écorche les oreilles.

En parlant ainsi le vieux gentilhomme quitta

brusquement le chemin qu'il suivait et en prit un autre qui rentrait dans la partie non vendue du domaine, et longeait la rivière en laissant à gauche le village. A un quart de lieue environ de celui-ci, le chemin que suivait le comte tournait autour d'un charmant coteau couvert de chataigniers, et au pied duquel la rivière formait un coude, puis se partageait en deux branches qui, en se divisant, formaient une île assez vaste où paissaient jadis les troupeaux du domaine seigneurial et qui dépendait de la ferme du château. Cette île était dans les jeunes années du comte le théâtre favori de ses innocens ébats : c'était-là que Renaud et lui abordaient souvent le soir dans une petite nacelle qu'ils dirigeaient tour à tour : tantôt ils y folâtraient dans de hautes herbes avec des enfans du village; tantôt, munis chacun d'une petite arbalète, ils venaient y exercer leur adresse : un arbre servait de but à leurs traits inoffensifs, et l'air retentissait des cris joyeux du vainqueur auquel répondaient dans l'éloignement les mugissemens des troupeaux et les chansons des laitières : un goûter champêtre dont un lait pur et fraîchement trait sous leurs yeux faisait presque tous les frais, terminait ces heureuses journées. Cette île avait reçu d'eux le doux nom *d'île enchantée*, et le comte la revit, après trente-cinq ans, exactement semblable en apparence à ce qu'elle était jadis.

Il y a peu d'hommes dont le cœur soit entièrement fermé par les chagrins ou les passions au souvenir des impressions du premier âge. Le comte l'éprouva en cet instant rapide où il contemplait le théâtre de ses jeux champêtres. La scène n'avait point changé : aucun sujet d'irritation ne s'y présentait à lui, et le bruit même des importunes mécaniques n'y pouvait être entendu ; mais, comme autrefois, des troupeaux bien repus mugissaient au loin, et de jeunes filles terminaient en chantant leurs rustiques travaux : c'était l'heure enfin où une douce ombre commençait à s'étendre sur l'île et sur les flots. Ce tableau magique, ce concert harmonieux au milieu de cette scène si paisible, reportèrent avec une force invincible et soudaine la pensée du comte vers un temps qui n'était plus : les préjugés furent vaincus, la politique oubliée et la nature reprit ses droits. Il se crut rejeté loin dans le passé ; il songea, non sans attendrissement, aux joies de la famille, à son père, à Renaud, à leurs jeux charmans : debout et les deux mains appuyées sur sa canne, ses regards avides parcoururent tous les contours de cette île véritablement enchantée : de grosses

larmes baignèrent ses yeux; et, s'il eût été seul,
la violence de son émotion se fût sans doute
trahie par des sanglots.

Tandis qu'absorbé dans sa contemplation, le
comte demeurait immobile, Bertrand était
heureux aussi; car il visitait un terrain qui lui
rappelait mainte prouesse de son ancien métier. Le coteau qu'il parcourait et le bois voisin
étaient autrefois renommés pour l'abondance
du gibier, et Bertrand reconnaissait avec joie
qu'ils étaient encore dignes de leur ancienne
réputation :

—Voyez, monsieur, dit-il au comte en se rapprochant de lui, voyez cette quantité de ter-
riers, il y a toute une population de lapins
par ici : c'est comme autrefois quand j'étais à
l'affût derrière un gros arbre pendant que vous
et M. Renaud faisiez les cent coups là-bas :
ça fait plaisir de revoir des choses qui rappel-
lent si bien le bon temps.

— Oui, Bertrand, tu as raison, répondit le
comte d'une voix émue, cela rafraîchit l'ame.

Bertrand se rapprocha de son maître, et le
voyant bien disposé, il lui dit : Il me vient une
idée, monsieur le comte, et avec votre permission, elle en vaut bien une autre.

— Et qu'est-ce donc, Bertrand ?

— Je me dis comme ça, monsieur, qu'il ne

tient peut être qu'à vous d'être encore bien heureux en ce pays-ci.

— Qu'entends-tu par là ?

— J'entends que si seulement monsieur voulait bien, tout cela serait encore pour ainsi dire à lui et à ses enfans ; le bois, l'île, le château, la terre, tout ce qui en reste du moins, vous auriez tout cela : vous pourriez à votre fantaisie faire rebâtir la chapelle et rétablir l'alcôve comme elle était du temps de madame la comtesse, la sainte et digne femme ! Les fossés, les murs, les cours, tout redeviendrait à présent comme alors ; nous effacerions partout les marques de ces vilains métiers ; nous remettrions en état le chenil et la fauconnerie, et la bonne Fanchon aurait de quoi nourrir ses père et mère sans profaner ces endroits–là avec son lard et ses poules.

— Voilà de beaux projets, dit le comte, sans pouvoir réprimer un sourire à la vue de l'enthousiasme de son ex-garde-chasse, et comment ferons-nous mon vieux ?

Bertrand eut un moment d'embarras en voyant qu'il n'était pas compris : il hésita, regarda autour de lui ; puis s'approchant encore davantage du comte, il lui dit à demi voix, en ôtant respectueusement son chapeau.

— Je m'imagine que M. Sauval ne hait pas mamselle Alice, et si....

M. de Kérolais jeta sur son serviteur un regard sévère, et poursuivant son chemin, il dit d'un ton sec :

— M. Sauval n'est pas gentilhomme.

Bertrand ne se tint pas encore pour battu , et ajouta.

— C'est un brave jeune homme cependant , et un mariage comme celui-là arrangerait joliment les choses.

— Bertrand, dit le comte, depuis que tu as un gendre électeur, tu n'es plus le même , je ne te reconnais plus : oses-tu bien proposer une mésalliance, une infraction aux lois de l'honneur ?

—Pardon, monsieur le comte, mille pardons : ma pauvre vieille tête s'embrouille et j'aimerais mieux crever comme un chien que de dire une chose pour vous chagriner. Si je me trompe , c'est mon ignorance qui en est cause, et je vous jure bien que s'il y a quelque loi qui empêche une jeune et belle demoiselle d'épouser un homme qui a du talent, du mérite, et qui lui offre l'héritage de ses pères... je ne sais pas où cette loi là est écrite, car je ne l'ai jamais lue.

— Le code de l'honneur n'est pas écrit, dit le comte, si ma fille est sans fortune elle a un nom du moins, un nom qu'elle saura respecter.

— D'accord, monsieur le comte, et je me jetterais tout le premier dans le feu pour le défendre; mais faut avouer aussi qu'il vous coûte diantrement cher.

M. de Kérolais retourna au château, et Bertrand suivit son maître à quelques pas de distance, tout en murmurant entre ses dents.

« C'est un vrai guignon du ciel qu'un nom comme ça : il est cause qu'avant la révolution nous avons tout perdu, et voilà que maintenant il nous empêche de rétablir nos affaires.... Mon idée n'était pourtant pas si mauvaise.

Il n'y eut plus un mot échangé dans cette promenade entre le maître et le serviteur, et ils rentrèrent assez peu satisfaits l'un de l'autre au château. Christophe avait mis en œuvre tout le savoir-faire de Baptiste pour une collation qui fût digne de son hôte; mais quoique Baptiste se fût surpassé ce jour-là, le comte ne fit presque point honneur au repas, il parla peu et demanda la permission de se retirer de bonne heure.

Christophe lui avait fait préparer un excellent lit dans la chambre qui communiquait à la bibliothèque et l'accompagna jusqu'à sa porte. Le comte eut une nuit fort agitée : les émotions de la journée, les souvenirs qui se pressaient en foule dans son esprit, évoqués par les lieux mêmes où il se trouvait, la comparaison douloureuse de sa fortune passée avec sa condition actuelle, toutes ces causes s'unirent pour lui inspirer des réflexions que la solitude, le silence et les ténèbres rendirent encore plus énergiques et poignantes. Il lui fut impossible de fermer les yeux, il se leva aussitôt que le jour parut : il était à peine six heures ; et, quoique la voiture publique ne dût passer qu'à huit à la Croix-Blanche, M. de Kérolais résolut de partir sur-le-champ, avant que Sauval fût levé, tant il redoutait de ne pouvoir assez dompter ses émotions en lui faisant ses adieux de vive voix. Il préféra les lui adresser par écrit. Il passa donc dans la bibliothèque où il avait vu la veille ce qui était nécessaire pour écrire : il s'assit à une table, et tandis qu'il formulait son billet dans sa pensée, ses yeux s'égarèrent sur des rayons chargés de vieux livres. Précisément en face de lui se trouvait un volumineux ouvrage de biographie qu'il reconnut pour l'avoir souvent feuilleté dans sa jeunesse. L'attraction était forte, il céda au désir de le parcourir encore, et, saisissant un volume, il l'ouvrit à l'endroit où il était fait mention de sa famille. Il y était dit, comme il le savait trop bien, que le domaine de Kérolais avait appartenu à sa maison depuis le quinzième siècle. Lorsque le bon gentilhomme relut ces lignes qu'il n'avait jamais oubliées, il soupira en songeant à ses enfans et s'attendrit sur leur sort : les dernières paroles de son serviteur lui revinrent à la mémoire ; il se rappela, sans trop de ressentiment, le vœu qu'il avait exprimé à l'égard de Christophe, et oubliant les opinions politiques de celui-ci, il se dit, avec un nouveau soupir : « Ah, s'il était gentilhomme ! » Il reprit le livre, et, continuant à le feuilleter d'une main distraite, il chercha vaguement le nom de Sauval. A sa grande surprise il l'y trouva, et lut avec une joie égale à son étonnement la notice suivante :

« Joachim Sauval de Saint-Aubin, vaillant homme de guerre, né en 1490 à Loudéac en Bretagne, se distingua dans les guerres d'Italie où il obtint le grade de mestre de camp. Mécontent de la cour, il prit part aux intrigues du connétable de Bourbon, et fut arrêté à Baïonne en 1524 comme coupable de haute trahison avec cinq de ses complices : ceux-ci furent pendus, et lui-même eut la tête tranchée : ses biens furent confisqués et sa famille exilée à perpétuité. On croit qu'un siècle environ après l'exécution de cet arrêt, un de ses descendans revint en France où il acheta une charge de magistrature ; il est à peu près certain que les magistrats de ce nom, qui se sont succédé au parlement de Rennes, appartiennent à la même famille. »

Le comte, après avoir rapidement lu ces lignes, bondit de sa chaise, et se précipitant vers la chambre de Christophe en traînant avec lui l'énorme in-quarto.

« M. Sauval, lui cria-t-il, mon cher M. Sauval, ouvrez, ouvrez vite. »

Sauval achevait de s'habiller, il prit l'alarme, crut le comte en quelque péril et s'empressa d'ouvrir.

« M. Sauval, dit aussitôt celui-ci, apprenez une grande découverte.... Vous êtes gentilhomme !... Lisez... lisez ceci, ajouta-t-il, en lui montrant son nom imprimé dans le livre en gros caractères. »

Christophe parcourut deux fois l'article en question, puis regarda le comte d'un air ébahi.

— Eh bien, ne comprenez-vous pas, lui dit M. de Kérolais, n'est-ce point là votre nom ? N'êtes-vous point proche parent du côté paternel de MM. Sauval conseillers au parlement ? Or donc, il est plus que probable que vous descendez en ligne directe de Joachim Sauval de Saint-Aubin, décapité en 1524, pour crime de rebellion ; donc vous êtes gentilhomme... Il ne s'agit plus maintenant que de bien établir la filiation ; et, Dieu aidant, nous en viendrons à bout.

— Je l'espère, monsieur, dit Sauval qui venait de relire l'article une troisième fois, et j'y ferai tous mes efforts.

—Et je vous promets de vous seconder, moi, et, pour commencer, nous trouverons peut-être ici dans la bibliothèque quelques éclaircissemens.

Il rentra, suivi de Christophe, dans le cabinet, et consulta deux dictionnaires de généalogies ; mais, par une espèce de fatalité, les volumes où pouvait se trouver le nom de Sauval manquaient dans la collection : l'un avait allumé les poêles de M. Durand; l'autre avait égayé messieurs ses fils en flamboyant dans la cheminée. Plusieurs ouvrages furent inutilement interrogés, et le comte était encore plongé dans ses recherches, lorsque Baptiste annonça que le déjeuner était servi : Bertrand avertit en même temps qu'il fallait songer au départ.

— Je regrette bien, dit le comte à Christophe, d'être obligé de vous quitter ce matin ; car à force de chercher nous aurions certainement trouvé quelque chose sans sortir d'ici ; et je vous engage à feuilleter soigneusement tous ces volumes, sans en laisser échapper un seul. J'ai souvent entendu dire que la collection de mon bisaïeul était une mine d'or pour les généalogistes du royaume.

Il prit gaîment place à table, et causa plus familièrement avec Christophe qu'il ne l'avait jamais fait.

— Il n'est pas surprenant, dit-il, que la filiation se soit perdue : l'arrêt porte que les descendans des coupables seront exilés à perpétuité. Quand ceux-ci sont rentrés en France, il était de leur intérêt de déguiser la parenté. Il y avait à cela motif de nécessité, quoiqu'il n'y eût point obligation d'honneur.

Sauval, ravi du tour que prenait la conversation et des dispositions de M. de Kérolais, ne put néanmoins se défendre de regarder le comte avec étonnement en écoutant ses derniers mots.

— Eh ! sans doute, reprit celui-ci, une condamnation pour crime de rebellion n'entache en aucune façon l'honneur : c'est un préjugé, une erreur déplorable que d'imaginer le contraire. Nous avons eu un Biron, un Marillac, et bien d'autres, décapités pour cause pareille, sans que l'honneur de leur famille en ait reçu la moindre atteinte, souvent même une condamnation de ce genre est une illustration de plus pour un beau nom.

Le digne gentilhomme oubliait que le crime qu'il excusait dans les siècles précédens était flétri par lui comme le plus grand de tous au dix-neuvième ; mais il parlait et agissait toujours spontanément, et il n'avait aucune prétention à une logique rigoureuse.

Il quitta le château avec un air de satisfaction qui parut de fort bon augure à Bertrand. Christophe l'accompagna jusqu'à la *Croix blanche*, et le comte ne cessa de lui donner, chemin faisant, d'excellentes instructions.

— Mettez sens dessus dessous, dit-il, vos papiers de famille ; fouillez les archives de Rennes : elles sont riches en pièces curieuses.... Vous avez cet avantage dans vos recherches, que celles-ci ont pour but des faits relatifs à un événement notoire , à une condamnation capitale pour crime d'état.... c'est fort heureux.

Lorsqu'il vit venir la diligence, il serra cordialement la main de Christophe, en lui offrant tous ses services à Paris, et, sur le point de monter en voiture, il se retourna encore une fois vers Sauval et dit :

— Quant à la noblesse de Joachim, il ne peut y avoir aucun doute ; elle est incontestable et suffisamment prouvée par l'exécution de l'arrêt. Il eut la tête tranchée , tandis que ses complices, gens du commun, furent pendus par le cou. Cette preuve doit contenter les plus difficiles : le choix du supplice vaut ici toute une généalogie; car remarquez bien, la peine de la décollation n'était appliquée que par privilége de noblesse.

Il était évident que le digne vieillard hésitait beaucoup moins à honorer la mémoire de Joachim Sauval, le sachant mort en gentilhomme sur l'échafaud, que s'il eût tout simplement, comme un homme vulgaire, rendu l'ame dans son lit.

Christophe, en quittant le comte, était ivre de joie et d'espérance, car il songeait à Alice dont cette découverte inattendue le rapprochait, et l'amour donnait une double énergie aux transports de son orgueil. Christophe ne doutait pas qu'il ne réussît à bien prouver les relations de parenté entre lui et les anciens magistrats de son nom, et que par eux il ne pût remonter jusqu'à d'illustres ancêtres.

Etrange inconséquence du cœur humain! tandis qu'il croyait ces hommes respectables issus d'une famille honnête, mais obscure, il ne s'était nullement mis en peine de rechercher les liens qui l'unissaient à eux, et il ne négligeait rien pour s'en enquérir depuis qu'il les présumait descendus d'un rebelle traître à son pays et à son roi, mais dont l'écusson couvrait et effaçait le crime. Christophe ne fit pas cette réflexion humiliante, car déjà son aveuglement était extrême ; mais, lorsqu'en revenant sur ses pas, il revit en face de lui les murs noircis et démantelés du vieux château féodal, il se rappela en rougissant les sentimens que cette vue lui avait inspirés la veille et les paroles hautaines qu'il avait prononcées en foulant aux pieds une tombe orgueilleuse. Il crut voir debout, sous les armoiries brisées du portail, l'image impassible de Pierre Renaud dont la main dédaigneuse lui montrait les débris épars autour de lui, et qui lui demandait, d'une voix sévère, s'il préférait à sa dignité d'homme libre et de citoyen le vain honneur d'appartenir à une race vaincue. Il crut aussi voir surgir de ces ruines une figure mélancolique, et reconnaître en ses traits doux et touchans ceux de Jérôme Sauval, de son père, qui lui reprochait doucement de rougir de son obscurité :

— Arrière ! s'écria Christophe, arrière ! visions importunes !

Et, tout entier à ses ambitieuses espérances, il se dirigea, d'un pas rapide, vers la bibliothèque... Il y demeura trois jours renfermé : vain espoir ! toutes ses recherches furent inutiles.

IV

—

Marie.

M. de Kérolais, en revenant à Paris, où M. et madame d'Orfeuil s'étaient rendus pour le féliciter, fut très-étonné d'apprendre qu'aucune lettre de sa sœur ou d'Alice n'était venue pour lui en son absence, et que, depuis huit jours, son gendre et sa fille aînée étaient euxmêmes sans nouvelles. Il s'inquiétait sérieusement, lorsque le lendemain, en achevant de déjeûner, il vit entrer le vieux Bertrand qui remit une lettre timbrée de Caen à son maître, et une autre à madame d'Orfeuil : celle-ci, ayant reconnu l'écriture d'Alice, sortit et se retira dans sa chambre. La lettre remise au comte était de la baronne d'Orgeval : elle renfermait un billet d'Alice, que le comte se hâta de lire d'abord. « Pauvre Alice ! chère enfant ! dit-il en parcourant ce billet, Dieu soit loué, elle est sauvée ! »

Il prit ensuite la lettre de sa sœur et lut ces lignes :

« J'ai été fort heureuse, mon cher frère, en apprenant votre succès à Châteaulin. Cette nouvelle a un peu adouci le chagrin que m'a donné la perte de votre procès. Il y a dans la Chambre actuelle si peu d'hommes de la bonne roche et vraiment dévoués, qu'il n'est pas possible que le roi ne rende enfin justice à votre loyauté, à votre zèle. Je ne fais aucun doute qu'il ne vous emploie bientôt dans un poste honorable utilement pour ses intérêts et pour les vôtres, et je m'en réjouis d'avance. Je ne vous ai point écrit depuis quelques jours pour ne vous point causer d'alarmes. Alice, pendant votre voyage en Bretagne, a été sérieusement indisposée, et retenue au lit par une fausse pleurésie. Elle est presque rétablie maintenant, et il serait bien à désirer que

nous n'eussions à son sujet aucun autre motif
sérieux d'inquiétude. Dieu veuille que je m'a-
buse, mais je la crois beaucoup plus malade d'esprit que de corps. Croyez-moi, mon
frère, votre fille a un sot amour en tête, et je
rougis de le dire, je crains qu'elle n'ait placé
ses affections sur un objet indigne d'elle : je la
crois folle de votre M. Sauval, et j'espère bien,
mon frère, qu'avant qu'il soit trop tard vous
fermerez votre porte à un insolent qui a étran-
gement abusé de nos bontés pour un homme de
son espèce. Adieu, mon cher frère ! Vous re-
cevrez bientôt des nouvelles d'Alice, et je pense
que d'ici à quelques jours elle sera en état de
m'accompagner chez moi à Grandmesnil, où je
me propose de demeurer jusqu'à la mi-octo-
bre. »

Le comte, dont la physionomie, pendant sa
lecture, avait exprimé d'abord l'anxiété pour la
santé de sa fille, puis la joie de son rétablissement, finit par donner plusieurs signes de mécontentement et d'impatience, et, jetant le papier sur la table :

— Lisez cela, d'Orfeuil, dit-il à son gendre.

Et lorsque celui-ci eut achevé :

— Qu'en pensez-vous ? demanda M. de Kérolais.

— A vous dire vrai, répondit d'Orfeuil, qui,

depuis la perte du procès de son beau-père,
n'avait plus autant de ménagemens à garder
envers Christophe, je pense que ma tante peut
avoir raison.

— Impossible, reprit le vieux comte avec
feu : je ne puis croire, je ne croirai jamais que
mon Alice se soit éprise d'un homme avant
de savoir s'il était digne d'elle. Ma sœur a de
fortes préventions contre M. Sauval, et elle aura
été induite en erreur.

— Prenez garde, monsieur. Il serait prudent, selon moi, d'éconduire poliment M. Sauval; car ces gens-là ne doutent de rien, et s'i-
maginent que le talent tient lieu de toute autre
chose.

— M. Sauval, répondit le comte, fait exception : il m'a toujours paru réservé, modeste,
et j'en ai récemment appris sur son compte plus
long que vous, mon gendre.... Je sais ce que
vous ne savez point. Il n'est pas un si mauvais
parti que vous croyez.

— En vérité! dit d'Orfeuil confondu de la
modération des paroles du comte, et qui s'attendait à le voir entrer en fureur au seul soupçon
de l'inclination de sa fille pour Christophe.
« M. Sauval, ajouta-t-il, a du mérite et de la
fortune, peut-être même en a-t-il beaucoup
plus que je ne lui en connais; mais vous savez

comme moi qu'il n'est après tout qu'un homme du commun, et par-dessus le marché, un jacobin. »

Le comte se faisait un malin plaisir de prolonger l'incertitude de son gendre, et de mettre ainsi ses discours quelque peu en contradiction avec les principes qu'il affectait en certaines occasions.

— Les opinions de M. Sauval, reprit M. de Kérolais, ne sont assurément pas les miennes; mais il a mis de l'eau dans son vin : il y a progrès en lui, et je trouve plaisant, mon gendre, qu'après avoir, en mainte circonstance, vanté ses doctrines politiques, vous en disiez tant de mal aujourd'hui. Tenez, mon cher, tel qu'il est, je le préfère à bien d'autres qui soufflent à la fois le froid et le chaud, ou à ces gens qui après s'être mis à plat-ventre devant Bonaparte, n'ont eu rien de plus pressé que de faire les chiens-couchans devant Louis XVIII.

— Mais c'est un homme de rien, répliqua d'Orfeuil piqué au vif et croyant répondre à tout par ce mot.

— Erreur, dit le comte, et pour ma part je le tiens parfait gentilhomme.

— Ah! c'est autre chose. Et où diable avez-vous trouvé cela?

— Dans la bibliothèque de mon ancien châ-

teau de Kérolais, dont le nouveau propriétaire
est précisément M. Sauval.

D'Orfeuil tombait de surprise en surprise, et
le comte s'empressa de lui rendre un compte
détaillé de sa récente découverte.

— Peste ! dit alors son gendre, c'est différent,
et je vous comprends à merveille.

— Cependant, dit M. de Kérolais, qui se
promenait pensif dans sa chambre, il convient
d'user de précaution jusqu'à ce qu'il ait fourni
ses preuves.

— Peut-être même, ajouta d'Orfeuil, serait-il
bien d'attendre jusque-là pour instruire Alice.

— Vous avez raison, dit le comte, et s'il est
vrai, ce que je n'ai garde de supposer, qu'elle
ait du penchant pour lui, sa surprise et sa joie
en seront plus grandes.

Pendant cette scène, madame d'Orfeuil lisait
de son côté, avec un attendrissement mêlé d'effroi, une lettre d'Alice ainsi conçue :

« Ne me reproche plus, mon silence, ma
bonne sœur, et ne prends point l'alarme lorsque tu sauras que j'ai été malade. J'ai passé
huit jours dans mon lit, et je suis presque tout
à fait bien maintenant. C'est moi qui ai conjuré
ma tante de ne point écrire avant de pouvoir

dönner de bonnes nouvelles à mon père. Le mal aurait pu devenir grave s'il n'eût été combattu à temps : le plus grand silence et le repos m'ont été prescrits, et c'est d'aujourd'hui seulement que j'ai obtenu la permission de prendre la plume et de causer avec toi. Hélas! ma sœur, le mal dont, ces jours passés, chacun s'inquiétait autour de moi, n'était pas celui dont je souffrais le plus. Le calme et le silence, favorables à la guérison de ce mal extérieur, ont accru la violence des peines secrètes que tu as devinées, et ont imprimé plus fortement dans mon cœur une trop chère et trop dangereuse image. Te le dirai-je, Amélie ? mes illusions me font peur. Apprends ce que j'ai cru entrevoir ces jours passés, et juge, par cela seul, jusqu'à quel point l'imagination de ta pauvre Alice est malade.

Aussitôt que les graves symptômes de mon indisposition se furent déclarés, ma tante ne négligea rien pour me procurer une garde excellente. Le hasard voulut qu'elle n'en trouvât aucune à Courseulles, où nous sommes; mais on lui fit le plus grand éloge d'une pauvre femme qui, retirée dans un village voisin, se consacre tout entière, par charité chrétienne, au soulagement des affligés et des malades. Elle n'est connue que sous le nom de *Marie;*

elle vit seule, sans famille. On assure qu'elle
a beaucoup souffert, et elle semble craindre la
société de ses semblables, quoique son cœur la
porte à sympathiser si vivement avec leurs souffrances. Rarement, depuis qu'elle habite le village de Gray, on l'a rencontrée hors de son
territoire, où elle a résolu, pour ainsi dire, de
s'ensevelir vivante, et c'est avec peine qu'elle a
consenti à s'en éloigner pour passer auprès de
moi quelques nuits. Oh! si tu savais combien
sa vue m'a saisie! Quelle apparition, ma sœur!
je ne l'oublierai jamais : je crus voir entrer un
fantôme, un esprit plutôt qu'une créature humaine. Elle paraissait jeune encore : je remar-
quai avec peine l'extrême pâleur de son visage,
et son regard fascina en quelque sorte le mien :
qu'il était doux, ma sœur! quelle angélique
pureté, quelle résignation mélancolique et
pieuse y étaient empreintes! Le bruit de son pas
se faisait à peine entendre; elle approcha doucement de mon lit, et me demanda comment
je me sentais d'une voix qui retentit au fond de
mon ame. J'allais répondre, lorsque ma tante,
qui la suivait, s'empressa de dire que le silence
m'avait été prescrit. Je fis un léger signe de tête
en souriant : « C'est bien, c'est bien, reprit
Marie; ne parlez pas. » Elle passa deux jours
et deux nuits à côté de moi, en me prodiguant

des soins assidus. De temps en temps je lui adressais la parole afin de la remercier ; mais elle m'interrompait toujours, en me rappelant l'ordonnance du docteur. « Vous ne songez qu'aux autres, lui dis-je un matin, et vous-même auriez besoin de repos : votre santé paraît faible et délicate. — Ce n'est pas un mal, répondit-elle d'un ton plus significatif encore que ses paroles, pourvu que le peu de vie qui me reste puisse être utilement employé au soulagement des malheureux, j'aurai assez de force, et je n'en demande pas à Dieu davantage. » Lorsque je commençais à m'assoupir, cette digne femme se mettait à genoux près de mon lit, et passait beaucoup de temps en prières. Elle lisait aussi quelquefois ; mais souvent alors sa pensée était distraite : ses yeux fixes ne suivaient plus les lignes du livre qu'elle continuait à tenir long-temps ouvert devant elle, et dont sa main négligeait de tourner les pages. Elle paraissait se parler à elle-même, absorbée dans ses souvenirs et comme conduite par sa lecture à des sujets d'un intérêt intime et puissant. Je ne me lassais point de l'observer : il n'y avait dans sa dévotion ou dans ses manières rien d'incompréhensible, et pourtant cette femme excitait ma curiosité à un degré extraordinaire; mais, chaque fois que j'étais sur le point de ha-

sarder une question, mon cœur battait avec
force, et mes paroles expiraient sur mes lèvres.

» Quatre jours se passèrent ainsi, au bout
desquels j'étais déjà presque rétablie. Dans la
soirée du cinquième, à l'heure où j'avais coutume de m'endormir, je fus tourmentée d'une
insomnie que je dissimulai, pour n'inspirer
aucune inquiétude autour de moi et permettre
à la bonne Marie de prendre quelque repos. Je
la vis à travers l'étroite ouverture de mes rideaux se mettre à genoux devant son lit ; elle fit
sa prière avec ferveur, et, sans quitter cette
humble attitude, elle tira un petit médaillon
de son sein, le considéra quelque temps avec
attention, puis le couvrit de baisers, fondit en
larmes et le regarda encore. La lumière de ma
lampe éclairait ce médaillon, de façon qu'il me
fut possible de le voir en regardant par-dessus
l'épaule de cette malheureuse femme. Je ne pus
résister à une vive curiosité : j'entr'ouvris donc
mes rideaux, et, me soulevant sans bruit, je
jetai un regard sur ce portrait. C'était celui
d'un jeune homme, et je fus toute saisie en
croyant reconnaître une ressemblance frappante entre ses traits et ceux de Christophe. Je
me penchai davantage pour les mieux distinguer ; mais un léger bruit trahit mon mou-

vement , et, avant qu'il m'eût été possible de donner un second regard à ce portrait, l'infortunée le cacha dans son sein et se retourna vers moi les yeux encore remplis de larmes. Je rougis , toute confuse de mon indiscrétion, et, pour qu'elle ne fût point soupçonnée, je feignis de m'être réveillée à l'instant même. Je ne doute pas que mon imagination prévenue ne m'ait abusée , que j'aie été trompée par une fausse ressemblance, et, lors même que mes yeux en auraient saisi une bien réelle, je sais trop bien que celle-ci ne serait encore que l'effet du hasard. Je me suis cent fois dit tout cela, ma sœur, et pourtant cette espèce de vision m'a émue à un degré extraordinaire : c'est à elle que j'attribue un accès de fièvre qui s'est prolongé pendant la journée du lendemain ; et, si je n'avais craint d'ajouter aux chagrins d'une femme déjà si malheureuse et d'irriter une secrète blessure, rien ne m'eût empêché de lui avouer la cause de mon agitation, de lui demander à tenir ce portrait dans mes mains, à le revoir encore une fois.

» Pendant les deux ou trois jours suivans il me fut permis de causer davantage, et je sentais croître à chaque instant ma vive sympathie pour cette intéressante femme ; il me semblait aussi qu'elle s'attachait à moi à mesure que mon inclination pour elle augmentait. Quoique son langage n'annonçât pas une éducation extrêmement soignée, celle-ci me parut cependant avoir été fort supérieure à l'état qu'elle exerce. Une ou deux fois j'osai exprimer devant elle le vœu de la voir renoncer à un genre de vie trop pénible, et auquel sans doute la nature ne l'avait point destinée : Le monde, lui dis-je, si elle voulait consentir à y entrer, pourrait lui offrir une existence plus heureuse. — « Je ne lui demande rien, me répondit elle avec douceur, je me regarde même en quelque sorte comme n'étant déjà plus de ce monde : c'est à vous, mademoiselle, qu'il appartient de lui demander des plaisirs, du bonheur. Soyez heureuse ! je le souhaite de toute mon ame » : puis elle ajouta d'une voix émue en se rapprochant de moi : « Vous mériterez votre bonheur ; car vous êtes bonne, et l'on ne peut vous voir sans vous aimer. »

»Elle me quitte ce soir même ; je lui ai exprimé le plus vif désir de la revoir, et je l'assurai que je n'abandonnerais point le pays sans lui rendre visite dans son village. Elle ne répondit pas à cette parole ; mais elle me dit doucement adieu avec un léger sourire de résignation ; tandis que, levant les yeux au ciel, elle donnait à entendre que c'était-là,

dans cette patrie commune que nous nous re-
trouverions.

Onze heures du matin.

« Je reçois ta dernière lettre, ma bonne
sœur : il est donc parti aussitôt après ce malheureux procès.... Peut-être seras-tu quinze
jours sans le voir et jusque-là je ne saurai
rien, rien de ce qui le touche. Parle-moi de
lui, Amélie, console mon cœur malade....
J'ai résolu de m'armer de courage, mais j'ai
besoin qu'une bouche amie m'entretienne de
lui. La perte de ce procès l'a désolé sans doute;
il en a peut-être plus gémi que mon père, et
pourtant, ce pauvre père, quel espoir il fondait
sur le succès pour ses enfans ! C'est pour nous
seules, j'en suis sûre, que cette disgrace lui a
été sensible. Les journaux nous ont appris sa
nomination. Hélas! le voilà donc rejeté encore
une fois dans l'arène politique au milieu de
ces démêlés qui lui font tant de mal et que je
déteste : deux afflictions à la fois sont tombées
sur sa tête. Malheur, malheur à moi si j'ajou-
tais à ses peines! Je souffrirai, ma sœur, et je lui
cacherai ma souffrance. Cette lettre est triste,
mon Amélie, pardonne; je ne suis plus la
joyeuse Alice, je ne me reconnais plus moi-
même. O combien j'ai besoin de te sentir près

de moi, de pleurer sur ton sein ! Si tu savais quel supplice m'inflige le langage de ma tante ! Elle ne me parle de *lui* qu'avec dédain et colère : chaque mot que je prononce pour le justifier irrite sa haine, et je suis alors moi-même en butte à ses reproches. Chère sœur, chère Amélie, c'est une consolation, un besoin pour moi de t'écrire ; et quoique l'on craigne qu'une longue lettre ne me fatigue, je ne puis me résoudre à quitter la plume, car je me regarde comme seule ici depuis que cette angélique créature qui est venue me visiter n'y est plus avec moi. Quand la bonne Marie était là, au chevet de mon lit, je sentais, lors même que nous ne nous parlions pas, qu'il y avait tout près de moi un ange capable de me comprendre et de partager mes peines ; et si ce n'était point manquer de reconnaissance envers Dieu, je serais tentée de me plaindre d'avoir été trop promptement guérie. Adieu, ma sœur, nous partons dans trois jours pour Grandmesnil : encore quelques semaines et tu presseras contre ton sein ta chère et malheureuse Alice. »

Madame d'Orfeuil achevait sa lecture lorsque son mari entra dans sa chambre. Il lui fit part, au sujet de Christophe, de la récente découverte du comte et elle en éprouva beaucoup de joie : elle convint néanmoins qu'il importait d'en faire encore un mystère à sa sœur, dans la crainte qu'elle n'abandonnât son cœur à des espérances dangereuses et prématurées.

A peine madame d'Orfeuil se vit-elle encore une fois seule dans sa chambre, qu'elle remercia Dieu du fond du cœur, pour cette heureuse nouvelle, et fit des vœux fervens pour le repos et le bonheur de sa chère Alice.

V

———

Capitulation.

———

CHRISTOPHE se désolait et s'épuisait en efforts infructueux. Après avoir inutilement bou-
leversé la bibliothèque du château de Kérolais,
il consulta les archives de la Bretagne à Rennes :
il y trouva la confirmation de la mort tragique
de Joachim Sauval , mais il n'obtint aucune
lumière sur sa postérité.

Il ne perdit pas courage et revint à Paris où
il avait ordonné , après la mort de son père ;

et, plus récemment, après celle de son oncle André, qu'on envoyât à son adresse tous ses papiers de famille. Une lettre de Pierre Renaud l'attendait chez lui depuis plusieurs jours : le vieux patriote l'avait écrite avant de savoir l'issue du procès du comte et l'acquisition du domaine de Kérolais par son neveu : elle était conçue en ces termes :

« Mon cher Christophe, mon enfant, pardonne si je me plains d'être un peu négligé par toi ; car maintenant que je ne te vois plus, mon plus grand bonheur est de te lire, et voilà longtemps, bien long-temps que je n'ai reçu de tes nouvelles. Mes sentimens n'ont pourtant point changé. Je te porte comme autrefois dans mon cœur, et mon plus grand bonheur sera toujours d'apprendre tes succès pour la bonne cause. Souviens-toi, mon ami, de ce que je t'ai dit il y a bientôt quatre ans : la carrière politique est semée d'écueils, les séductions y sont grandes et les chutes terribles : te voilà parvenu au point où la France saura si, dans tes actes, tu n'as eu que son avantage et sa gloire pour but, ou si tu as écouté en toute chose les suggestions de l'intérêt personnel ? Je ne te cache pas, mon enfant, que tu as beaucoup d'ennemis qui t'adressent ce reproche ; mais

j'aimerais mieux mourir que le croire mérité,
et, tant qu'il y aura un souffle de vie dans
la poitrine de ton oncle Renaud, tu peux
compter sur un chaud défenseur. J'ai ap—
pris avec beaucoup de peine, je te l'avoue,
tes relations avec des hommes qui ont juré
d'étouffer les derniers fruits de notre glo-
rieuse révolution de 89, et en particulier avec
une famille qui a eu des torts si graves envers
moi : je sais que ces relations sont l'effet d'un
hasard malheureux, et continuent pour des
motifs étrangers à la politique; je sais que le
chef de cette famille t'a chargé de défendre ses
intérêts devant les tribunaux ; mais je verrais
avec douleur vos rapports mutuels se prolonger au-delà du temps strictement exigé pour
le procès. N'oublie pas, mon enfant, les paroles
que tu as entendues de ma bouche, qu'elles
t'apprennent à connaître une race incorrigible :
point de trêve avec ces hommes tant qu'ils au-
ront en main le pouvoir de nuire, car ils se
regardent comme une race à part, comme une
nation de vainqueurs campée au milieu des
vaincus. Ne pense pas avoir rien fait, mon neveu, aussi long-temps que le peuple n'aura
point recouvré le plein et libre exercice de
l'autorité souveraine, et que la sainte égalité
ne sera point redevenue la loi suprême de la

patrie. De grands événemens se préparent; la France est dans l'attente, et des signes certains annoncent la chute de nos oppresseurs... Cette espérance rechauffe et vivifie mon cœur : si dans un avenir prochain la grande voix du peuple se fait entendre, s'il pousse un cri de vengeance et de liberté, ce cri aura de l'écho dans ma poitrine ; il me rendra mes jeunes années, mon vieux sang bouillonnera dans mes veines comme autrefois : j'en répandrais la dernière goutte avec délices pour la cause nationale, heureux de revoir encore une fois nos glorieuses couleurs. Adieu mon enfant. — Ton oncle affectionné,

PIERRE RENAUD.

Christophe, en répondant à son oncle, lui cacha soigneusement sa passion pour Alice, et lui parla d'une manière vague de ses relations avec les Kérolais. Il protesta de son dévouement aux institutions libérales de son pays, mais il évita d'entrer dans aucun détail sur la marche des affaires publiques depuis la création du nouveau ministère; car il s'était insensiblement dépouillé des opinions exaltées qu'il avait puisées dans le commerce de son oncle, et, lorsqu'il venait à considérer l'ignorance brutale des uns et l'ambition effrenée des autres, il ne concevait point qu'une république se pût soutenir en France autrement que par une affreuse tyrannie.

Il rédigeait toujours en commun avec son confrère Adolphe Ledoux le journal *l'Oracle* qu'ils avaient fondé ensemble, et cette feuille était favorable au nouveau cabinet, elle lui tenait compte de ses efforts et de sa persévérance au milieu des obstacles immenses qu'il avait à vaincre, et ne le rendait point responsable du maintien ou de l'appel au pouvoir d'un grand nombre d'hommes qui s'étaient acquis un nom impopulaire.

Enfin l'élévation subite à l'une des plus hautes dignités de l'état d'un personnage connu par ses sentimens hostiles à la constitution fut accueillie par une partie notable des constitutionnels comme un défi que leur jetait la couronne, et plusieurs organes violens de la presse trouvèrent dans le choix royal le motif d'une déclaration de guerre aux ministres. Christophe condamnait également ce choix malheureux ; mais, à ses yeux, le ministère avait eu la main forcée ; il fallait le soutenir et non l'ébranler par d'imprudentes attaques. Telles étaient ses dispositions lorsque Adolphe Ledoux entra dans son cabinet, portant sur sa

figure son expression habituelle de froideur
ironique.

« Mon cher ami, dit-il en frappant sur
l'épaule de Christophe, trève de phrases senti-
mentales, il faut chanter sur une autre corde.

— Comment; que veux-tu dire?

— Je veux dire que la France ne se paiera
point de belles promesses, et qu'il faut faire une
guerre à outrance au ministère. Je viens de
voir les principaux actionnaires de notre journal et nous sommes d'accord sur ce point. Dès
demain il faudra changer de batterie.

— Mais tu n'y songes pas, les intentions du
ministère sont bonnes, il fait tout ce qu'il peut.

— Qu'est-ce que cela nous fait à nous, s'il
ne peut rien ?

— Mais il nous a donné ce que nous deman-
dions à grands cris sous l'administration pré-
cédente. Si nous l'attaquons maintenant, nous
passerons pour des gens intraitables et qu'il
est impossible de satisfaire.

— Bah ! qu'est-ce que cela nous fait ? cela
ne vaut-il pas mieux que de passer pour des
niais? Ne vois-tu pas que, sous la branche
aînée, le maintien au pouvoir d'une administration libérale est impossible ? La nomination
d'avant-hier parle assez haut et donne la mesure de l'influence ministérielle. Ce choix im-

populaire a eu un retentissement prodigieux : les défiances et le mécontentement sont au comble, et le ministère que tu vantes n'a pas même encore eu le crédit ou la volonté de faire place nette autour de lui, d'envoyer aux invalides ou aux incurables ces magistrats, ces administrateurs, ces généraux qui, pendant sept ans, ont voulu transformer la France en séminaire.

— Patience, mon cher, reprit Christophe, devinant à merveille, par ces derniers mots, le véritable motif des griefs de son confrère, qui, sous une robe d'hermine ou un habit brodé, eût sans doute été moins prompt à désespérer de la France et du ministère; patience, dans la position si difficile où tu représentes toi-même le cabinet, j'admire en vérité qu'il ait déjà fait tant de choses : il a plutôt besoin d'encouragement que de blâme. Si la cour le renverse, laissons à la cour la responsabilité de sa propre folie. Voilà ma façon de penser; et si notre journal doit en exprimer une autre, se charge qui voudra de la rédaction, j'en aurai les mains nettes.

— A la bonne heure, répondit Adolphe étendant sa jambe avec un imperturbable sang-froid sur le canapé où il était assis et sifflant faux entre ses dents : puis, après une courte pause,

il ajouta d'un air indifférent : Tu as donc conclu
un excellent marché ailleurs ?

— Qu'entends - tu par-là ? demanda Christophe.

— Ma question est bien claire, répliqua l'autre ; tu ne prétends pas sans doute rester entre
deux selles, et si tu te fâches avec nous, il faut
croire que tu es sûr d'être appuyé par d'autres.

— Le refus de rédiger un journal n'est point
une rupture, ce me semble, et nous pouvons
rester amis.

— O, mon cher, en politique tu sais le vieil
adage : *Qui n'est pas pour nous est contre nous.*
Et comment veux-tu que nous soutenions ta
réputation, si tu n'en prends toi-même aucun
souci ? Tu as déjà fait beaucoup d'imprudences ;
tu t'es rendu suspect à nos amis ; c'est moi surtout qui t'ai défendu auprès d'eux. Mais tes
liaisons dans les salons royalistes te font un tort
que n'effaceront point nos paroles ; ton crédit
diminue tous les jours, et, si tu en veux la
preuve, la voilà.

Il tira en même temps de sa poche une
brochure nouvelle, et mit sous les yeux de son
confrère quelques lignes où l'on désignait mé-
chamment ce dernier comme prêt à passer dans
le camp ennemi. La lecture de ce fragment in-

digna Christophe et l'agita beaucoup. Adolphe s'en aperçut, et profitant de son avantage:

« Tu le vois, lui dit-il, mon cher, il faut choisir, être tout un ou tout autre. La branche aînée s'est aliéné les sympathies de l'immense majorité de la nation : vienne la débâcle ! et il s'agit de savoir si tu seras au nombre des vainqueurs ou des vaincus. »

Christophe envisageait alors sa situation sous son véritable jour, et faisait mille détours inutiles dans un labyrinthe où il ne voyait qu'une issue : il était déjà vaincu, défaillant, et se débattait encore, rougissant d'avouer sa défaite.

« Quoi, dit-il, nos amis se tourneraient contre moi ? Je leur ai pourtant rendu service à tous : oublieront-ils en un jour les antécédans de ma vie ? »

— Eh, mon ami, qu'est-ce que cela leur fait ? et que signifie le passé d'un homme aux yeux de son parti, sinon un engagement pour l'avenir ?

— Et toi aussi tu m'abandonnerais, Adolphe ! Ne sommes-nous point camarades d'enfance et anciens amis ? Ne connais-tu pas la droiture de mes intentions ; ne me rends-tu pas justice ?

— Sans doute, sans doute, dit flegmatiquement Adolphe ; mais que veux-tu que je fasse si tu te perds à plaisir ? Je ne puis, moi, que te donner un bon conseil, tant pis pour toi si tu refuses d'en profiter. Oublies-tu qu'en France il faut surtout éviter de donner prise au ridicule ?

— Et quel ridicule y a-t-il à défendre un homme de cœur et de bon sens ?

— Pardon, pardon, mon cher, reprit l'impitoyable Adolphe en se levant et prenant son chapeau ; sache que lorsqu'on prend parti pour un homme coulé, perdu dans l'opinion, on est toujours sûr de se faire moquer de soi ; n'oublie pas cela.

— Eh bien ! bourreau, reprit Christophe poussé à bout, parle donc, achève ta pensée : que veux-tu que je dise ? Comment faut-il m'y prendre pour te satisfaire et pour repousser d'odieux soupçons ?

— Bon ! dit Adolphe avec un diabolique sourire, t'embarrasses-tu pour si peu ? Il n'y a qu'à vouloir, mon cher ; lorsqu'il s'agit de trouver des défauts à un gouvernement, la bonne volonté est toujours efficace. Cherche donc et tu trouveras. Adieu ! Tu as jusqu'à ce soir pour te décider. Nous sommes en retard ; nos confrères ont pris les devans, et ce que nous n'avons pu dire aujourd'hui nous devons le dire demain.

Il laissa Christophe dans une angoisse cruelle; car il y avait entre Adolphe et lui cette différence essentielle, que le premier faisait le mal sans scrupule et ne s'inquiétait en aucune façon de mettre ses actes d'accord avec sa conscience. A vrai dire, il ne savait trop s'il en avait une, et, pour se débarrasser plus promptement de tout scrupule, il niait Dieu, la vérité, la morale : au besoin, il se serait renié lui-même. Christophe, au contraire, élevé par son oncle dans le respect des principes sacrés d'une austère vertu, éprouvait une invincible répugnance à les violer. Il consultait sa raison comme un guide infaillible, et, avant d'agir, il cherchait toujours de bonne foi, au moyen d'argumens spécieux, à concilier son intérêt et la morale. Aussi, ne pouvant justifier à ses propres yeux la honteuse défection que lui avait proposée l'abbé Chorrin, il était sorti victorieux de l'épreuve, et avait rejeté, sans plus ample examen, le rôle odieux qu'on lui offrait, et qui répugnait d'ailleurs à toutes ses sympathies. Mais, en d'autres occasions, il était habile à se tromper lui-même en appelant le raisonnement en aide à ses ardens désirs, et lorsqu'enfin sa conscience, vaincue par d'ingénieux sophismes, avait été réduite à capituler, il dédaignait ses sourds murmures, et agissait sans scrupule au gré de ses passions. Toutefois, avant de faire violence au sentiment intérieur, Christophe avait de cruels combats à soutenir, et l'instant qui suivit son dernier entretien avec Adolphe fut pour lui un de ces momens de crise douloureuse.

— Hélas! dit-il en lui-même, il est donc vrai qu'on se livre pieds et poings liés au parti auquel on s'attache, et qu'un homme politique ne peut être impunément impartial ou modéré!

Il arpentait la chambre dans tous les sens, ne sachant que résoudre et retournant sa situation dans son esprit sous ses diverses faces : de toutes parts il y trouvait des sujets d'humiliation et d'inquiétude. Il reconnaissait lui-même que la dynastie était mal assurée sur le trône; il prévoyait une catastrophe éloignée, et du parti qu'il allait prendre dépendait peut-être son avenir. Il savait trop bien qu'il n'avait ni appui, ni indulgence à espérer du parti royaliste, car déjà plusieurs de ceux qui vantaient son mérite lorsqu'ils attendaient de lui une lâche défection, le dénigraient à outrance depuis qu'il s'était montré incorruptible; il reconnaissait enfin que, s'il n'était soutenu par le parti libéral, toute voie serait fermée à son ambition. Il relut le fatal article qu'Adolphe avait à dessein mis sous ses yeux ; il se rappela ses dernières paroles, avec effroi ; il se vit perdu dans l'opinion, à moins de prendre sur-le-champ une résolution extrême. Il réfléchit alors, sous l'impression de cette crainte, à la conduite du ministère ; il scruta ses actes dans l'espoir d'y trouver des fautes, et, attribuant enfin toutes ses perplexités à la nomination si impopulaire qui avait provoqué cette cruelle scène :

— Pourquoi diable aussi, s'écria-t-il, le ministère a-t-il permis ce choix absurde? il devait envoyer sa démission au roi. Adolphe a dit vrai : le gouvernement est sans forces, et le moyen de lui en donner est de lui reprocher de n'en pas avoir : c'est un service à lui rendre. J'ai trop dédaigné depuis long-temps les avis de mon excellent oncle. Un peu d'énergie lui fera plaisir : nos amis seront contens de moi et ma conscience sera tranquille.

La question se trouvait ainsi résolue, et Christophe crut s'être tiré d'un pas difficile à son honneur et sans faire trop de violence à ses scrupules. Il oubliait qu'il avait résolu, le matin même, de défendre le ministère, et se mettant aussitôt à l'œuvre, il pensa faire preuve de modération et d'égards pour les ministres en n'accusant que leur impuissance, comme si le

coup le plus mortel qu'il soit possible de porter
à un cabinet n'était pas de proclamer sa faiblesse.

VI

—

L'Engagement.

Si la situation de Christophe était pénible au
sein de son propre parti, elle était bien plus
fausse encore vis-à-vis de la famille Kérolais,
dont tous les membres, à l'exception d'Alfred,
furent de nouveau réunis à Paris dans les premiers jours de décembre 1828. Malgré le
charme invincible qui l'attirait à l'hôtel d'Orgeval, Christophe y fut beaucoup moins assidu
que par le passé ; car il sentait qu'il ne pouvait

plus y être bien accueilli que dans l'attente d'un succès dont il commençait à désespérer lui-même.

La baronne ne lui pardonnait point de lui avoir ravi l'honneur qu'elle attendait de sa conversion ; mais l'acquisition du domaine de Kérolais, et la parenté présumée de l'avocat avec Joachim Sauval, avaient considérablement affaibli la rancune de cette dame et les appréhensions qu'elle avait conçues de l'attachement d'Alice. Toutefois, avant d'accorder de nouveau quelque estime à Christophe, elle attendit plus ample information, et se contenta de lui faire un accueil froid et poli, exactement semblable à celui qu'il reçut de d'Orfeuil. Ce dernier, qui n'avait garde de renoncer, sans d'excellens motifs, à un avantage quelconque, voulait bien encore faire fond sur le crédit de Christophe dans le parti libéral, mais seulement sous condition qu'il ne serait point exposé à reconnaître pour son beau-frère un homme de rien, un roturier. Il montrait donc à Christophe la même estime pour son talent et pour son caractère ; néanmoins la légèreté de son ton et de ses manières donnait suffisamment à entendre qu'il attachait peu d'importance aux formules polies de ses propres paroles, et qu'il ne s'engageait en aucune façon pour l'avenir. D'Orfeuil se tenait ainsi également prêt, suivant l'événement, pour la paix et pour la guerre, aussi disposé à nommer Sauval son frère, s'il arrivait qu'il fît preuve d'illustre origine, qu'à lui refuser sa porte et son amitié, dans le cas où il n'aurait d'autre lettres de noblesse à faire valoir que son talent.

Le comte surtout désolait Christophe par l'inquiète sollicitude qu'il lui témoignait sur le résultat de ses démarches et par ses questions multipliées à ce sujet. Vivement alarmé de la langueur et de la tristesse d'Alice, M. de Kérolais avait lui-même fouillé les bibliothèques et compulsé une multitude de recueils généalogiques. Ses recherches n'étaient ni moins actives ni plus fructueuses que celles de Christophe, et, lorsqu'il rencontrait celui-ci, ou le voyait entrer, il quittait tout pour aller à lui. Eh bien, lui disait-il, que savez-vous ? Avez-vous trouvé quelque chose ? Souvent l'incertitude et le doute se peignaient sur ses traits et arrêtaient des paroles affables sur ses lèvres ; quelquefois, après avoir offert la main à Sauval, il la retirait presque aussitôt comme s'il eût souffert du contact de cette main étrangère ; sans doute il se disait, en de pareils instans, qu'il pouvait se tromper, que ses suppositions étaient hasardées, et que si Christophe n'était pas gentilhomme,

les vues qu'il avait peut-être sur Alice devenaient une insulte pour sa maison.

Jamais père n'eut alors, plus que le comte,
lieu d'être fier de son enfant. Alice, dans les
derniers temps, et depuis sa maladie, avait fait
des réflexions sérieuses : l'aspect de l'infortunée
dont elle avait reçu les soins, le souvenir de
cette vie obscure, toute d'abnégation et de
dévouement, portèrent leurs fruits dans l'ame
d'Alice ; elle rentra en elle-même et envisagea
son devoir sous le point de vue le plus rigou-
reux. Dans l'ignorance où elle était de la découverte qu'avait faite son père, et de ses nouvelles dispositions à l'égard de Christophe,
elle se persuadait que le plus grand obstacle
à l'union de Sauval avec elle provenait toujours
de ses principes politiques. Elle était convaincue
de leur droiture sinon de leur vertu, cependant
elle se reconnaissait incapable de les bien apprécier ; il suffisait que son père les crût dangereux pour qu'il fût en droit de condamner
son amour, de le frapper d'anathême, et ce
serait lui porter un coup mortel, ce serait
creuser sa tombe que de contracter des nœuds
indissolubles avec un homme que son père ne
saurait honorer. Alice essaya donc de se vaincre, de faire violence à une passion dont elle
ne pouvait mesurer les suites sans frémir, et

fit vœu de veiller sur elle-même de manière à ne donner aucun encouragement aux dangereuses espérances de Christophe. Sa vie devint une lutte de tous les instans ; elle passait une partie de ses nuits dans les veilles et dans les pleurs, demandant à Dieu des forces contre elle-même : soit par un instinct de pudeur, soit pour ménager la sensibilité de son père, elle essayait de cacher à tous les yeux cette lutte cruelle et les seuls signes qui la révélaient à des regards attentifs, étaient l'air triste et rêveur de sa physionomie, auparavant si vive et si enjouée, et la rougeur légère qui colorait subitement ses joues à la vue de Christophe, ou lorsqu'un incident quelconque amenait l'entretien sur un sujet analogue à celui de toutes ses pensées.

Aucun des symptômes de ses souffrances morales n'échappait au comte, il eût donné tout au monde pour ramener un sourire de bonheur sur les lèvres de son enfant ; il s'épuisait en efforts pour la distraire, et, lorsqu'il lui prodiguait les plus tendres soins, elle souriait encore, mais ses regards conservaient une expression mélancolique et résignée, qui faisait à son insu le désespoir de son père. M. de Kérolais souhaitait et tremblait à la fois d'arracher les aveux du cœur de sa fille : lui-même sentait son secret sur Christophe prêt à lui échapper : il attirait Alice sur son cœur où l'orgueil de race et l'amour paternel se livraient de violens combats, ses larmes tombaient alors sur le front de son enfant; ils se comprenaient tous deux, sans oser se le dire, et ils étaient également à plaindre.

Alice ne trouvait de soulagement qu'auprès de sa sœur et continuait à épancher ses peines dans son sein. Un jour qu'elle souffrait plus que de coutume, madame d'Orfeuil, assise à ses côtés et vaincue par une douleur si touchante et si vive, ne put résister à la tentation de donner quelque espoir à sa sœur : elle lui fit part des présomptions favorables de son père sur l'origine de Christophe, et l'assura que le jour où celui-ci serait reconnu pour être de bonne maison, le comte ne ferait plus aucune difficulté de l'avouer pour gendre.

Cette confidence imprudente bouleversa l'esprit d'Alice et lui causa d'abord une joie extrême : ce n'était pas que Sauval lui parût plus digne de son amour comme héritier d'un nom illustre, et pourtant elle vit, dans cette nouvelle, la confirmation de la bonne opinion qu'elle avait conçue de lui. En effet, se dit-elle, si mon père ne s'oppose à notre union par aucun motif fondé sur le caractère ou sur les principes

de Christophe c'est qu'il l'estime et le juge digne
de moi : qu'importe que Christophe soit d'une
noble origine s'il réunit d'ailleurs en sa personne, de l'aveu même de mon père, tout ce
qui peut assurer le bonheur d'une femme?

Alice avait à peine auparavant assez de force
pour combattre avec succès son amour, et
l'aveu de sa sœur lui enlevait son plus ferme
point d'appui dans cette lutte désormais iné-
gale. Elle ne résolut pas moins d'obéir à son devoir et de respecter la volonté de son père; mais
elle ne put se persuader qu'il voulut sacrifier
le bonheur de sa fille à des préjuges dont elle
comprenait peu la puissance, et elle se flatta
de triompher avec le temps d'une résistance
qui d'abord lui avait paru invincible.

La réserve d'Alice infligeait mille tortures
à Christophe : il n'avait pu, depuis son retour,
l'entretenir une seule fois en particulier et s'assurer ainsi de la constance de ses sentimens. Vivement blessé d'une froideur apparente dont il
n'appréciait point la cause, il ne devinait pas
ses combats secrets, et, aussi prompt à désespérer qu'il l'avait été à concevoir des espérances
téméraires, il vit, dans la persévérance d'Alice à
l'éviter, l'effet des préjugés de famille, et se crut
dédaigné. Il tomba dans un abattement profond

dont il ne sortit , à de rares intervalles, que par des crises violentes dans lesquelles il accusait l'ordre social de toutes ses misères. Les jouissances de la fortune, celles que donne la renommée, n'avaient plus d'attrait pour lui : cependant le style de ses articles politiques gagnait chaque jour beaucoup en amertume, et il n'était plus nécessaire qu'Adolphe stimulât son ressentiment. Christophe réprimait avec peine des mouvemens de fureur contre des hommes qui ne tenaient point compte de son mérite personnel, et qui, pour le reconnaître leur égal, lui imposaient des conditions qu'il jugeait plus absurdes et plus odieuses à mesure que son espoir de les remplir diminuait. Il commençait à voir réellement un crime dans les ménagemens du cabinet pour le parti auquel ces hommes appartenaient : aussi attaquait-il sans scrupule et à outrance les ministres, et déversait-il, à pleines mains, le ridicule et le mépris sur ses adversaires politiques. C'était l'orgueil humilié qui dictait ses articles, et il ne trouvait quelque adoucissement à son noir chagrin qu'en épanchant sur le papier son fiel et sa colère. Quelquefois, s'abandonnant à de sombres accès de mélancolie, il songeait à tout quitter, à fuir le monde, à s'ensevelir au fond d'une retraite où il oublierait Alice, la politique et l'ambition :

combien alors il portait envie à ceux qui trouvent dans leurs espérances en un monde meilleur un remède assuré contre les déceptions de celui-ci ! Il eut beaucoup donné pour ranimer une étincelle de foi religieuse dans son cœur ; mais, privé d'un tel secours, il sentait bien que, s'il vivait dans l'inaction, l'ardeur de son imagination dévorante se changerait en délire ou le consumerait lui-même. Il n'avait, pour ainsi dire, plus de famille ; car son orgueil répugnait à conserver d'étroites relations avec la plupart de ses parens, et, à l'exception de Pierre Renaud, il les reniait tous dans son cœur : il était donc comme seul au monde. Souvent, en proie à une agitation violente, il marchait lentement dans sa chambre en étouffant des gémissemens ; si ses yeux venaient à rencontrer une glace, il y voyait avec effroi les rides précoces de son front, et les cheveux gris et rares dont ses tempes étaient à peine ombragées. Etait-il déjà trop vieux avant trente ans pour inspirer un amour égal au sien ? Devait-il renoncer à presser une femme aimante et aimée contre son cœur ? Serait-il seul ? toujours seul jusqu'au tombeau ? Alice lui apparaissait alors plus belle, plus charmante que jamais, une force magnétique et irrésistible l'attirait vers elle, il l'appelait à grands cris, ses bras s'ouvraient et se fermaient à vide, et des visions enivrantes achevaient d'égarer sa raison : il prononçait de nouveaux et terribles sermens ; il jurait qu'Alice serait à lui, et poursuivait avec une sorte de rage des démarches dont le résultat devait soumettre à ses désirs l'indomptable orgueil d'un père. Hélas ! ses efforts infructueux l'éloignaient de son but, au lieu de l'en rapprocher, et chaque fois qu'après des peines infinies, il soulevait un coin du voile qui lui cachait l'origine de sa famille, il trouvait dans ses découvertes beaucoup plus de sujets de s'humilier que de s'enorgueillir.

Il apprit un soir, dans une maison où il espérait recueillir d'utiles renseignemens, qu'une dernière chance de succès lui était enlevée. Il maudit alors ses vaines poursuites, lança de nouveaux sarcasmes sur les faiseurs de généalogies, et tonna contre les titres de noblesse : « Les miens sont là, dit-il, en se frappant le front, ils valent bien de mauvais parchemins : c'en est fait, j'abjure un rôle indigne de moi. »

Il sortit de cette maison, l'imagination fort échauffée, et sans trop savoir de quel côté il dirigeait ses pas. Huit heures venaient de sonner, et, au bout de quelques minutes, Christophe reconnut qu'il se trouvait à la porte de l'hôtel d'Orgeval : elle était entr'ouverte, il en franchit le seuil, ne parla point au concierge et monta comme entraîné par une force irrésistible. Un domestique l'annonça, et il entra au salon où Alice était seule sur une ottomane et occupée à broder : son père venait de sortir en voiture avec sa tante.

Elle se leva au nom de Christophe, rougit, et pria qu'on avertît sa sœur.

— Eh quoi! mademoiselle, lui dit Christophe avec amertume, m'enviez-vous jusqu'au hasard qui me fait vous rencontrer seule ici? En trois mois est-ce trop d'un entretien?

Alice s'était rassise; elle tressaillit, leva les yeux sur Christophe, et, frappée sans doute du bouleversement de ses traits :

— Mon Dieu! dit-elle qu'avez-vous?

— Est-ce à vous de le demander, lui répondit Christophe en s'asseyant auprès d'elle. Interrogez votre cœur, et il vous instruira mieux qu'aucune de mes paroles.

— Je ne vous comprends pas.

— Ah! ne voyez-vous pas que je souffre, et que je souffre à cause de vous? car vous avez oublié votre serment.

— Moi!

—Ne m'aviez-vous pas promis estime... amitié?... j'attendais plus encore.... Votre cœur, disiez-vous, ne changerait jamais... et pourtant votre langage, vos regards, vos manières, tout est changé. Insensé que j'étais! je me croyais aimé, et je ne suis plus pour vous qu'un objet de dédain ou de pitié!

— Ne parlez pas ainsi, dit Alice avec un accent déchirant : vous me faites un mal affreux.

—Démentez donc mes paroles; jurez que le préjugé maudit qui règne en despote sur tous les vôtres n'a point accès dans votre ame; jurez que vous ne m'avez pas sacrifié aux suggestions de l'orgueil.

— Ingrat, ingrat! dit Alice d'une voix étouffée, en portant son mouchoir à ses yeux.

Ces paroles et ce geste firent tomber la colère de Christophe.

— Alice, reprit-il d'un ton plus doux, si je me trompe, pourquoi m'avez-vous brisé le cœur par votre indifférence? Pourquoi enfin n'êtes-vous plus avec moi ce que vous avez été? Vous aussi auriez-vous donc, comme tous les vôtres, réglé vos procédés à mon égard sur le résultat des démarches que j'ai tentées pour vous apporter de vieux parchemins, de vains hochets que votre caste estime au-dessus des talens et des vertus? S'il est ainsi, je rougirais d'abuser de votre ignorance, car j'ai le cœur haut si ma naissance ne l'est pas. Chassez-moi donc de votre présence : non, je ne suis point l'héritier d'une noble famille; non, je ne puis effacer la tache que la roture imprime à vos yeux sur mon front.

— Que vos paroles sont cruelles! répondit Alice; juste ciel! est-ce vous qui imputez à un motif méprisable une réserve qu'un devoir sacré me commandait? A quels aveux faut-il que je m'abaisse devant vous? J'en appelle à vous-même : songez à mon père et répondez-moi.... Quoi! vous n'avez donc point vu mes douloureux combats.:. vous n'avez rien deviné, rien compris?

Ces mots rapides, et l'énergie avec laquelle ils furent prononcés, firent en Christophe une révolution soudaine et complète :

— Alice! s'écria-t-il en se précipitant à ses pieds, je comprends tout maintenant. Ah! me pardonnerez-vous?

— Levez-vous, lui dit-elle avec effroi : on peut entrer ici.

— Et qu'importe? reprit Christophe obéissant avec regret : pourquoi m'imposer plus long-temps une odieuse contrainte? Il faut que votre père sache la vérité, qu'il cesse de me forger une généalogie imaginaire, et qu'il accepte pour sa fille l'héritage de ses aïeux. Souf-

frez que je lui demande aujourd'hui même votre
main.

— Pas encore, dit Alice alarmée : vous ne
connaissez pas mon père. Soyez prudent, ne
précipitez rien, ou vous risquez de tout perdre.

— Ah! vous avez peur! reprit Christophe,
et la crainte que votre père vous inspire est-
elle plus forte que votre amour?

— Non, non, j'en atteste le ciel, ce n'est pas
la crainte qui me fait hésiter entre mon père
et vous. Oh! vous ne savez pas comme il
m'aime, à quel point il m'est cher, combien je
souffre à la seule pensée d'affliger son noble et
tendre cœur!.... Ecoutez, Christophe, soyez
juste et généreux : j'aurais dû étouffer ou vous
taire un sentiment que mon père réprouve;
j'aurais sans doute eu assez de force pour lutter
contre moi-même; mais j'en ai manqué contre
vos soupçons et votre douleur. Que j'obtienne
de vous, en retour, une preuve, une seule
preuve de tendresse et de dévouement.

— Laquelle donc, laquelle? dit Christophe
respirant à peine.

— Respectez ma tendresse pour mon père;
ne me demandez pas de vouer ses derniers jours
au désespoir. Christophe, ayez confiance et
suspendez vos aveux. Les motifs que vous oppose mon père sont moins sérieux que je ne

l'avais craint d'abord.... Un jour, vous aussi vous serez son enfant.

— Et s'il persiste dans son refus, s'il m'accable de ses dédains ?

— Là sera ta récompense , dit Alice en montrant son cœur, nos mains ne seront unies que de l'aveu de mon père; mais , j'en fais le serment, je n'aurai d'autre époux que toi.

— Alice, fille adorée, dit Christophe en se levant soudain, scelle donc cette promesse par un gage dont le souvenir soit impérissable.

Alice s'était levée en même temps que lui par un instinct de pudeur et de crainte : il la saisit tout éperdue, et posa un ardent baiser sur ses lèvres avant qu'elle ait pu se dégager de ses bras : elle demeura interdite et debout devant lui, muette de confusion et d'épouvante.

La porte s'ouvrit presque aussitôt et madame d'Orfeuil entra dans le salon. Christophe ne put se dispenser de consacrer quelques minutes à un entretien qui fut pour lui un long supplice, sa tête délirait, il savait à peine le sens des paroles vagues qui sortaient de ses lèvres et n'entendait point celles qui lui étaient adressées.

Dès que la bienséance le permit, il prit congé des deux sœurs et rentra chez lui dans un trouble inexprimable; mais ce trouble était

toute ivresse et bonheur : les aveux d'Alice re—
tentissaient encore comme un enchantement à
son oreille et un fleuve de feu coulait dans ses
veines.

VII

—

Christophe, en rentrant chez lui, s'abandonna sans contrainte aux transports d'une joie folle: pendant plusieurs jours ses regards, sa physionomie, son langage, tout exprimait un bonheur qu'il avait peine à contenir au-dedans de lui-même. Ces manifestations si nouvelles parurent étranges à tous ceux qui le voyaient habituellement sombre, irascible et rêveur, et personne n'en fut plus vivement frappé que son secrétaire Maxime, dont l'humeur se réglait presque toujours, en sens inverse, sur celle de son patron. Il était gai lorsque Christophe paraissait triste, et se montrait au contraire soucieux et morose dans les rares momens où un rayon de joie éclaircissait le front de son cousin ; car non-seulement il ne réprimait point les mouvemens de la plus basse envie, il y avait encore, dans cette ame de boue, un égoïsme féroce qui rendait son inimitié mortelle pour Christophe. Il regardait tout le bien de son parent comme devant lui appartenir un jour, et depuis que celui-ci avait hérité de son oncle André, l'impatience et la cupidité enflammèrent la haine de Maxime au point de lui rendre insupportable la contrainte qu'il s'imposait pour le convaincre de son dévouement. La délicate constitution de Christophe, l'énergie dévorante de ses désirs étaient pour Maxime autant de motifs d'espérance, et le peintre n'étudie pas sur la physionomie de son modèle le jeu des émotions de l'ame avec plus de soin que Maxime n'observait, dans l'altération des traits de Christophe, le ravage des passions et les chances plus ou moins rapprochées d'un riche héritage.

On conçoit qu'avec de semblables dispositions il ne redoutait rien plus que de voir son

cousin prendre femme une seconde fois : un
mariage, en effet, eût mis bientôt ses brillantes
espérances au néant : il regardait Christophe
comme lui étant inféodé, corps et biens par
le sort, et, mettre tout en œuvre pour l'em-
pêcher de se remarier, était, à ses yeux, user
d'un droit légitime. Aussi épiait-il soigneusement toutes ses démarches. Il avait, au moyen
d'un nommé François, domestique de la baronne, des intelligences dans l'hôtel d'Orgeval,
et se fit exactement instruire des relations de
Christophe avec la famille Kérolais : il en
conçut d'abord peu d'inquiétude, et y trouva
même un grand sujet de contentement : les prétentions aristocratiques du comte le rassuraient
complètement contre l'éventualité des succès
de son cousin auprès d'Alice, et son esprit
satanique trouvait un indicible plaisir à sonder
les blessures de Christophe, quand celui-ci
revenait de cette maison, le cœur navré de
chagrin : Maxime faisait alors, avec un art
désespérant, la contre partie du rôle qu'il avait
si bien joué pendant le séjour d'André Sauval
et de la famille Louchet à Paris ; il se mettait
à la place de son cousin, pestait, murmurait
contre l'orgueil de race, puis compatissait aux
souffrances que l'amour propre de Christophe
avait eu sans doute à endurer, et il achevait

ainsi d'irriter ses douleurs, sans que Sauval eût le droit de se fâcher ou de se plaindre.

Telles étaient les joies et les délices suprêmes de Maxime : cependant, lorsque en dépit de tout ce qui devait contribuer à rendre pénibles les relations de Christophe avec cette société, il vit ses visites devenir plus fréquentes, il se douta que son cousin trouvait dans le cœur d'Alice un dédommagement à ses humiliations; et, lorsque enfin, après la mort d'André Sauval, Christophe fut à la tête d'une grande fortune, Maxime se rappela, non sans terreur, de nombreux exemples d'unions dans lesquelles l'or avait balancé le défaut de naissance : ce fut bien pis quand il vit son parent possesseur de l'ancien manoir des Kérolais : il crut tout perdu, des visions effroyables passèrent devant ses yeux; c'est assez dire pourquoi la joie qui brilla dans ceux de Christophe, à la suite de son engagement avec Alice, fut pour Maxime un odieux spectacle; le bonheur de l'un mettait le comble à l'épouvante de l'autre, et Maxime, dès ce jour, jura de tout tenter plutôt que de voir sa propre ruine consommée au pied de l'autel.

Il mit aussitôt à exécution un plan infernal, et, pour connaître le premier moyen auquel il eut recours, il faut revenir à un personnage

dont il n'a pas été fait mention depuis long-
temps.

Si nous avons cessé de parler du baron Plumet, ce n'est pas qu'il ait rien perdu de son
importance ; mais c'est tout simplement parce
que Sauval le fréquentait moins depuis son
intimité avec les Kérolais. Les habitudes ou
les dispositions du noble habitant de la Chaus-
sée-d'Antin n'avaient subi aucune modifica-
tion grave ; c'était toujours le même étalage
d'une philanthropie plus profitable à sa renommée que coûteuse à sa bourse ; c'était la
même haine sourde et opiniâtre contre une
cour à qui la noblesse impériale semblait chose
infiniment moins respectable qu'elle ne l'était
aux yeux de M. Plumet. Il avait été porté à la
Chambre à peu près en même temps que le
comte de Kérolais, et, au grand scandale de
plusieurs de ses amis, il soutenait de toute la
force de ses poumons, le ministère Martignac :
quelques mots suffiront pour expliquer sa conduite.

Il avait acheté depuis peu une magnifique
propriété aux environs du château d'Orfeuil,
et se trouvait ainsi le voisin de campagne de
la famille Kérolais. Celle-ci donnait le ton à
quelques lieues à la ronde, et ne recevait qu'une

société de choix, dont il suffisait d'être exclu
pour n'être point censé appartenir à la meilleure compagnie. Or, le baron, qui eût très-
volontiers, en dépit de son libéralisme, joué le
rôle d'un seigneur féodal, comprit tout ce qu'il
gagnerait en considération, aux yeux de ses
fermiers et des petits bourgeois ses voisins,
s'il parvenait à prendre rang parmi l'ancienne
noblesse du pays, et, bien qu'il détestât de
toute son ame les d'Orgeval et les Kérolais,
il se mit en frais pour quêter leurs bonnes
graces, et ne négligea rien pour être admis
sur un pied familier au château d'Orfeuil.
Mais s'il y avait une chose au monde que M. de
Kérolais exécrât plus que le jacobinisme, c'é-
tait l'aristocratie de l'empire ; il haïssait, dans
M. Plumet, moins encore ses opinions que son
titre, et cette invincible répugnance fut l'écueil
contre lequel échouèrent, à la grande confusion du baron, toutes ses savantes manœuvres :
la place fut imprenable.

Peu de temps après son arrivée dans son
nouveau domaine, M. Plumet s'était empressé
de rendre visite au comte et à sa famille : il vint
donc en brillant équipage avec un grand chasseur empanaché derrière son carrosse. Il fut reconnu de loin, arrivant au grand trot dans
l'avenue du château, par ceux qu'il venait visi-

ter, et se serait poignardé plutôt que d'avancer, s'il avait vu le mouvement d'épaules et le sourire de ceux-ci à l'aspect de sa riche livrée. Il en fut reçu très-froidement quoique avec poli-tesse, et les quitta en prodiguant les sourires et les révérences, mais aussi avec un profond dépit au fond du cœur.

M. de Kérolais et son gendre lui rendirent sa visite au bout de quelques jours, sans nul fracas et en tenue fort simple. M. Plumet vit, dans ce sans-façon, un manque de conve-nances, ou un oubli de sa dignité, quoique assurément personne n'eût songé à lui faire injure. Le comte et d'Orfeuil maintinrent la conversation sur le terrain banal des géné-ralités, évitant avec soin toute phrase ou toute réponse familière qui aurait pu faire supposer un commencement d'intimité avec leur voisin. Celui-ci s'en aperçut, et ce ne fut pas pour lui une petite mortification. A quelque temps de là néanmoins, il fit un nouvel effort, et engagea ses voisins à dîner. Son invitation fut suivie d'un refus motivé sur un prétexte plausible dont le baron ne fut pas la dupe ; il laissa éclater son mécontentement en termes fort peu mesurés, et ne sut pendant quelque temps que résou-dre ; car, tandis que, d'une part, la vanité lui disait : allons, baron, courage, flatte ces

gens-là et sois leur ami ; d'autre part, l'orgueil
humilié lui criait : romps sans retour avec
ceux qui te méprisent, attaque-les, déchire-
les; fais-leur la guerre à outrance : il flottait
encore dans cette irrésolution pénible lorsqu'il
reçut un billet de M. d'Orfeuil, qui, à son tour,
l'invitait à dîner. Ce billet venait à point pour
aider le baron à prendre un parti, et donna
gain de cause à la vanité. M. Plumet se rendit
au château où il reçut comme la première
fois un accueil poli, mais plein de réserve,
et très peu propre à encourager ses espérances.
Enfin, après quelques nouvelles et infruc-
tueuses tentatives, il comprit qu'il ne réussi-
rait jamais à se faire admettre dans cette maison
sur le pied de l'intimité : il vit qu'il avait perdu
son temps, ses peines et ses avances, et il
aurait donné volontiers plus d'or pour effacer
le souvenir de ses humiliantes démarches qu'il
n'en avait offert de sa vie pour toutes les fon-
dations philanthropiques du royaume.

Tout entier à sa disgrace, il la sentait d'autant
plus vivement qu'il ne pouvait en conscience
l'attribuer qu'à lui même ; mais cette pensée lui
était odieuse : il se persuada qu'il avait reçu
des Kérolais une mortelle offense, il sacrifia
tout au désir de se venger d'eux, et c'était
assez que le ministère fût odieux au comte et

à ceux qui représentaient plus particulièrement l'ancienne noblesse pour que le baron Plumet se déclarât l'un de ses plus chauds défenseurs : il faut toutefois lui rendre la justice d'avouer que ses protestations ministérielles ne modé-raient en rien sa haine anti-dynastique, et que, tout en soutenant en public le gouvernement du roi, il ne conspirait pas moins en secret contre le trône en faveur d'un ordre de choses sur lequel il n'avait point encore d'idées fort nettes et dont il s'inquiétait assez peu, pourvu qu'en abaissant l'aristocratie royaliste, ce nou-vel ordre de choses remît en honneur et en crédit l'aristocratie impériale.

Le baron espérait bien, en gardant à la chambre une attitude hostile aux partisans du comte, trouver le moyen de lancer à celui-ci quelque trait qui le blessât au vif : sa colère était à l'affût de toute occasion offerte à l'exer-cice de sa vengeance, et il comptait sur elle pour donner à ses paroles une éloquence cha-leureuse dont jusqu'alors il avait usé sobre-ment.

Il crut avoir trouvé le moment favorable dans la célèbre discussion sur le projet de loi municipale, que M. de Kérolais avait attaqué avec énergie. A peine le comte fut-il descendu de la tribune que son adversaire s'y élança. Le baron prononça ou plutôt vociféra quelques phrases incohérentes ; puis, soit par défaut d'idées, ou par excès de colère, il resta muet au milieu d'une magnifique période : trois fois il la recommença et trois fois il demeura court sans pouvoir l'achever : il eut beau froisser son cahier, serrer les poings et se gratter l'oreille, il ne trouva rien, et quitta la tribune comme un condamné descend du pilori, au milieu des signes non équivoques de l'hilarité de l'assemblée. Il souffrit cruellement de cet échec parlementaire, et il va sans dire qu'il en conçut une affreuse colère contre M. de Kérolais et qu'il lui voua une double haine. Une bonne occasion de se venger se présenta dès le jour suivant.

M. Plumet était resté presque seul dans la bibliothèque de la chambre, attentivement occupé de la lecture des journaux. Dans l'embrasure d'une fenêtre, à peu de distance du baron, un petit jeune homme à demi caché par la porte entr'ouverte d'une armoire de livres, feuilletait un épais in-folio derrière lequel l'autre moitié de sa personne se trouvait également dissimulée : ce jeune homme était Maxime Corbin, qui, ayant joint à ses divers autres mérites celui de sténographe pour une feuille obscure, suivait habituellement les débats de

la chambre. Au moment où il reconnut le baron, il le vit jeter les yeux à quelque distance sur
un journal, puis presque aussitôt donner un
signe expressif de joie, et se saisir avidement
de cette feuille qui n'était autre que le dernier
numéro de *l'Oracle*, et qui renfermait un article
sans signature, composé par Christophe, la
veille de sa dernière entrevue avec Alice, dans
un moment de désespoir et de dépit furieux.
L'ancienne aristocratie y était vouée au ridicule,
et il était impossible de mieux mettre en relief
tous les côtés faibles du parti royaliste que
ne l'avait fait Christophe dans ce malheureux
article, fruit d'un accès de colère. Le baron en
fit ses délices, et d'autant plus qu'il y rencontrait
mot pour mot tout ce qu'il aurait eu si bonne
envie de dire la veille. Il crut presque l'avoir
fait, et rien n'eût manqué à sa joie s'il eût trouvé
un moyen de le faire lire au comte. C'était bien
là en effet la réplique qu'il avait eu l'intention
de lui donner, et M. de Kérolais, en la lisant
dans cette feuille, ne perdrait rien pour avoir
attendu.

Telles étaient les pensées du charitable baron, lorsque le comte lui-même entra dans la
bibliothèque et se dirigea, par accident, du
côté ou M. Plumet se tenait à l'écart. Celui-
ci reconnut de loin son adversaire : l'éclair

brilla dans ses yeux, un infernal sourire crispa ses lèvres, il baissa la tête, se coucha presque sur la table pour n'être pas vu, et se tapit derrière son journal comme un léopard guette, à couvert sous un buisson, la proie sur laquelle il va s'élancer.

Le comte continua d'avancer sans méfiance, et, lorsqu'il fut à portée et presque en face du baron, ce dernier redressa la tête, feignit de ne l'avoir pas reconnu plus tôt, et, après l'avoir salué avec une politesse étudiée, il lui adressa une question banale sur les travaux de la chambre.

Le comte y répondit sans se douter le moins du monde de l'intention qui l'avait dictée. Le baron crispait toujours son journal dans ses mains comme s'il avait craint qu'il ne lui échappât, et reprit d'une voix qu'il cherchait à rendre agréable et douce :

— C'est une bien grave résolution que celle que vous avez prise avant hier, monsieur, et votre vote aura une grande portée.

— Hé ! monsieur, reprit le comte, ce qui en peut résulter de plus sérieux sera la culbute du ministère, et il n'y aura pas grand mal.

— Ce qu'il y a de surprenant en tout ceci, ajouta le baron, c'est que parmi ceux dont le vote a motivé le retrait de la loi municipale, il

y en a beaucoup qui , depuis douze ans , n'a-
vaient cessé de la demander.

Ceci s'adressait directement à M. de Kérolais
qui répondit sèchement.

— Tout présent est à rejeter venant d'une
main suspecte , et le ministère ferait bien d'en
dire autant pour son compte , car l'appui de
plusieurs l'ébranle plus qu'il ne le soutient.

— Eh , que voulez-vous ? répondit le baron
qui feignit de ne pas comprendre la portée de
cette parole , le ministère est dans une position
fort difficile ; il sent qu'il faut rassurer les esprits et donner des gages à la nation. Ira-t-il
pour réformer des abus mendier le secours de
leurs défenseurs ?

— Cela vous plaît à dire, monsieur, répliqua
le comte en s'échauffant et en regardant son
interlocuteur de travers; il y a bien des gens qui
respectent, comme choses nécessaires au repos
et à la grandeur d'une nation, ce que vous attaquez comme autant de fléaux , et , quant aux
vrais abus, ceux qui les condamnent le plus ru-
dement aujourd'hui, seraient les premiers à les
défendre demain s'ils y trouvaient leur compte.

— Quoi ! que prétendez-vous dire ? demanda le baron.

— Je dis , monsieur , qu'on a vu depuis
trente ans trop de fils démentir leurs pères ,

trop d'hommes renier, en cheveux gris, les
opinions de leur jeunesse, pour qu'il y ait encore en France beaucoup de niais qui se lais-
sent prendre à leurs belles paroles. Ces gens-
là, Dieu me pardonne! ne veulent-ils point
qu'on respecte en eux ce qu'ils ont proscrit
dans leurs devanciers? Ils se sont affublés de
leurs dépouilles, et vous venez me les vanter
comme réformateurs des abus! Ah vraiment,
je voudrais voir ces messieurs à l'œuvre : le
peuple les sifflerait bientôt de la bonne façon, et
ils seraient les plus ardens à le baillonner : ce
n'est pas au reste ce qu'ils feraient de pire; car,
avec la liberté de la presse, il n'y a pas de
gouvernement possible en France ; le déver-
gondage des écrivailleurs passe toute mesure.

— Oh! pour cela, dit M. Plumet qui voyait
avec joie la discussion revenir sur un meilleur
terrain, je suis pleinement de votre avis, rien
n'égale l'insolence de quelques journaux, et il
suffit de porter un titre comme vous et moi
pour être exposé chaque jour aux plus dégoû-
tantes attaques.

Le comte, à ce rapprochement inattendu, fit
une grimace que M. Plumet parut ne point
apercevoir. «Oui, continua celui-ci, c'est comme
vous le disiez tout à l'heure, et nous autres
libéraux, nous ne sommes pas la dupe des fla-

gorneries de **MM.** les journalistes. Un de ces matins ils nous traiteront comme ils traitent beaucoup d'honnêtes gens aujourd'hui : je m'attends à tout, moi ; ils diront que nous sommes de vieux radoteurs, des hommes qui font grand bruit de leurs dignités, parce qu'ils savent bien que leur mérite sonne creux, des gens à idées fixes et qui sacrifieraient volontiers la France à un principe ; que sais-je, moi ? des espèces de Don Quichottes, des fous. »

— Monsieur, monsieur ! dit le comte furieux.

— Eh ! reprit le baron, ce n'est pas moi qui dit cela, ce sont ces maudits journaux ; et tenez, en voici précisément un qui m'est tombé sous la main : donnez-vous la peine de le lire et [vous verrez si j'exagère : il est vraiment curieux d'impudence ; je ne crois pas que l'insolence puisse aller plus loin.

En achevant ces mots, le baron mit, sous les yeux et dans la main du comte, le journal qu'il avait si précieusement conservé pendant cet entretien, et, en le saluant du geste, il se leva et s'éloigna ; mais ce ne fut pas sans savourer sa vengeance, sans attacher ses yeux sur le visage de M. de Kérolais, pendant que celui-ci lisait l'article dont chaque mot était pour lui un sanglant et douloureux outrage.

Le comte froissa plusieurs fois la feuille dans ses mains et finit par la rejeter loin de lui avec un mouvement de rage : il ne resta pas un moment de plus dans la salle et la quitta presque en même temps que son adversaire.

Maxime avait tout vu, tout entendu. A peine fut-il seul que, poussé par l'instinct de la curiosité, il se saisit du journal dont la lecture avait causé tant de joie à l'un des deux interlocuteurs et si profondément irrité l'autre. Il reconnut sur-le-champ l'article pour être de Christophe : c'était en effet lui, Maxime, qui avait été chargé de l'envoyer au bureau de l'*Oracle* et d'en surveiller l'insertion, il conçut aussitôt la perfide pensée de se faire une arme de cette feuille contre son cousin, un moyen de le séparer d'Alice, de rompre une liaison qui le faisait trembler. Il fit réclamer sur-le-champ à l'imprimerie du journal, et au nom de Christophe, la minute de l'article inséré la veille ; puis il traça rapidement, en ayant soin de déguiser sa main, quelques lignes par lesquelles il informait M. de Kérolais que l'auteur de cet article était Christophe Sauval ; et, lorsqu'il eut la feuille manuscrite en son pouvoir, il la mit avec son billet sous enveloppe comme pièce de conviction, et les fit remettre l'un et l'autre à l'adresse du comte.

2.

VIII

—

Correspondance.

———

La scène rapportée dans le chapitre précédent eut lieu, ainsi que nous l'avons dit, le
lendemain du jour où Alice engagea sa foi
d'une manière irrévocable à Christophe. Celui-
ci était encore dans l'ivresse de son triomphe,
lorsqu'il reçut un billet ainsi conçu :

Monsieur,

« Brisons là, s'il vous plaît : il convient à

tous égards que nos relations soient interrompues. J'ai des devoirs à remplir envers ma famille, envers mes honorables amis, et je leur dois, monsieur, de ne pas les exposer plus longtemps à rencontrer chez moi le rédacteur du dernier numéro de *l'Oracle*.

Votre serviteur très-humble,

Le comte DE KÉROLAIS.

Le comte joignait à sa lettre, pour plus ample information, la minute de l'article de la veille, envoyée à son adresse par Maxime et qui était entièrement de la main de Christophe. Décrire la confusion et la rage de ce dernier est chose impossible : il passa sur-le-champ d'une joie infinie à une extrême douleur : au moment où il croyait presque toucher à son but, il s'en voyait plus éloigné que jamais.

Quel pouvait être, se demanda-t-il, l'exécrable auteur d'une si noire trahison ? Il refusa de prendre aucun repos qu'il ne l'eût découvert, quoiqu'il ressentit les premiers symptômes d'une fièvre ardente : il sortit donc en toute hâte, et courut à l'imprimerie du journal, où il ne sut rien, si ce n'est qu'un inconnu était venu la veille demander la feuille manuscrite en son nom. Il s'épuisa en vaines conjectures ; car rien ne pouvait être alors plus loin de ses pensées que la vérité : aucun indice n'accusait Maxime, qui d'ailleurs n'était en butte à aucun soupçon. Christophe revint chez lui rongé de chagrin, et le soir même il traça ces lignes :

« Alice, je suis victime d'une atroce perfidie. Votre père m'interdit sa maison, et j'ignore quand il me sera permis de vous revoir. N'attendez point de moi que je proclame ici mon innocence : non, Alice, non, je ne puis vous dire : Je n'ai encouru aucun reproche, je ne suis point coupable. Mais si vous saviez tous mes tourmens, toutes les douleurs d'une situation fausse et cruelle ! Rappelez-vous ce que j'ai souvent eu à supporter auprès des vôtres pour l'amour de vous ! Ah ! il y a, dans la vie, des momens d'accablement où les souffrances, accumulées au fond du cœur, débordent ; il y a des jours où l'ame est trop faible pour étouffer le cri de l'indignation ou de la colère. Mais si, dans les mots amers échappés à ma plume, il en est un seul où vous ayez pu voir une offense envers un des vôtres, envers aucun de ceux qui vous sont chers, ô pardonnez, ange du ciel, pardonnez-le moi ! car je le renie et le désavoue de toute mon ame. Plaignez-moi : j'ai besoin de votre indulgence et de votre pitié. Si vous saviez combien je maudis toutes mes misères! à quels écueils est exposé l'homme qui ne trouve autour de lui qu'ironie, orgueil, égoïsme et dédain, qui ne rencontre aucune main secourable qui soutienne son courage ou sa vertu!... Lorsque vous vous offrîtes pour la première fois à mes regards, je fus frappé comme d'une apparition céleste.... je me dis : C'est elle qui épurera mes passions, qui dirigera mes efforts vers un but noble et glorieux; c'est elle qui guérira toutes mes blessures... Alice, me suis-je trompé? La disgrace que j'ai encourue ne changera-t-elle point pour moi votre cœur tendre et généreux? Révoquerez-vous la parole mille fois bénie que vous m'avez donnée? O mon ange, mon Alice, ce que tu as fait pour moi le feras-tu encore? Ton amour, c'est toute ma joie, c'est ma vie : sans ton amour, sans l'espoir de te posséder, l'existence n'est plus pour moi qu'un odieux fardeau. Alice, oh! dis-moi que j'aurais tort de la maudire, dis-moi que je puis espérer! »

Cette lettre écrite, il s'agissait de la faire parvenir secrètement entre les mains d'Alice, et Christophe comprit la nécessité de se ménager des intelligences dans l'hôtel où il ne pouvait

plus pénétrer lui-même. Il songea tout d'abord
à ce même François dont Maxime Corbin avait
fait son espion dans la famille de Kérolais :
Christophe lui avait rendu quelques services ;
il était naturel qu'il comptât sur lui pour
l'obliger à son tour, et François n'était pas
homme à refuser ses bons offices lorsqu'il était
sûr que son dévouement serait largement payé:
il prenait indifféremment de toutes mains. Il
servait déja Maxime contre Christophe ; il con-
sentit à servir celui-ci contre ses maîtres, et il
aurait tout aussi bien fait la contre-partie de
ces rôles divers s'il y eût trouvé son compte.

Il s'acquitta fidèlement de la commission de
Christophe et celui-ci le lendemain, en recevant deux lettres des mains du facteur poussa
un cri de joie : il avait reconnu sur l'adresse
de l'une l'écriture d'Alice ; il la porta à ses
lèvres, rompit le cachet d'une main tremblante
et lut ces lignes.

«Espérez : ne doutez plus, Christophe, épar-
gnez mon pauvre cœur : non, je ne suis point
changée pour toi, non, je ne révoquerai point
ma promesse. Hélas ! pour te convaincre, que
puis-je de plus que ce que je fais aujourd'hui ;
car t'écrire, te répéter que mon cœur et ma
vie sont à toi, c'est agir contre une volonté

chère et sacrée ; mais ta lettre m'a émue jusqu'au fond de l'ame, et je n'ai pu résister à
tes instances. O Christophe! qu'as-tu fait ? Je
ne te cacherai point le ressentiment et l'indignation de mon père. Evite maintenant de
t'offrir à sa vue : ma sœur est auprès de lui
notre providence, notre bon génie. Que de
graces nous lui devons tous deux! Oui, Christophe, j'ai confiance : un jour mon père te
verra tel que je te vois, il te croira plus malheureux que coupable. Pauvre et trop cher
ami, que te dirai-je encore ? Quelle consolation, quelle joie te donnerai-je? Hélas ! je
gémis comme toi ; j'ai baigné ta lettre de mes
larmes, elles inondent mon papier. Et pourtant
ce que je souffre n'est rien auprès de ce que
j'aurais à souffrir si je doutais de toi... Christophe, écoute : je t'honore et je t'aime... Si jamais il fallait arracher de mon cœur ou mon
estime pour toi ou mon amour, ma douleur
serait horrible.... elle me tuerait. »

Christophe baisa mille fois ce billet tracé par
une main chérie; il reprit courage et confiance,
et ouvrit la seconde lettre que le facteur lui
avait remise et dont la signature lui rappela de
douloureux souvenirs. Elle était de son premier instituteur, de l'abbé Grandin, devenu

à Nantes curé de la paroisse de Sainte-Croix dont il avait long-temps été le vicaire. Elle était conçue en ces termes :

« Monsieur, mon cher Christophe, j'ai à vous révéler un secret que vous avez le plus grand intérêt à connaître, et je ne puis le faire convenablement par écrit. Je voudrais monter en voiture, vous aller voir et vous épargner les ennuis du voyage; mais je souffre et je suis bien faible. Dieu m'a fortement éprouvé dans ces dernières années : venez donc, je vous en conjure, et ne tardez pas; car, avec moi, dans l'état où je suis, il n'est pas prudent de remettre au lendemain. Je vous attends pour soulager mon cœur d'un grand poids; venez, et que Dieu vous maintienne en sa sainte et divine protection ! »

Christophe parcourut deux fois ces lignes, dont la lecture jeta le désordre dans ses idées. Son imagination s'égara en de vaines suppositions sur le mystérieux événement auquel l'abbé Grandin faisait allusion dans sa lettre. Il avait renoncé deux jours auparavant à chercher son origine sur un arbre héraldique, et croyait, à cet égard du moins, s'être élevé pour jamais au-dessus des fumées d'une humiliante

ambition. La lettre de l'abbé Grandin fit évanouir en un moment ces sages dispositions nées
d'un violent dépit, et donna une nouvelle
ardeur à des vœux que le désespoir du succès
avait mal étouffés. Quel était, pensait-il, cet
important secret dont le prêtre se trouvait dépositaire ? Préoccupé d'une seule pensée, il lui
semblait qu'il n'y avait qu'un seul secret au
monde qu'il eût le plus grand intérêt à connaître : c'était celui d'une origine illustre,
celui dont l'heureuse révélation applanirait les
obstacles qui le séparaient d'Alice et fléchirait
le juste ressentiment du comte. L'abbé Grandin
l'avait vu naître, et, mieux qu'un autre, il
connaissait toutes les particularités relatives à
sa famille. L'imagination de Christophe s'enflamma : il n'était conjecture qu'il ne fût disposé à accueillir, pourvu qu'elle le rapprochât
de son but ; et, dans sa fougueuse impatience,
il ressemblait à un homme qui, égaré au milieu
des ténèbres, aperçoit de loin une douteuse lumière et marche vers elle, assuré de trouver
un asile où l'attend un écueil.

Christophe résolut de partir le lendemain ;
mais tant d'émotions lui furent funestes : il
n'en supporta point impunément la violence.
Malade depuis la veille, il fut saisi d'un douloureux accès de fièvre qui le retint chez lui

plusieurs jours à son grand regret. Enfin, aussitôt qu'il crut pouvoir supporter le voyage, il prit la poste et fit route vers Nantes en semant l'or sur son chemin.

LIVRE V.

I

—

Ia Confession.

———

Durant l'automne de 1827, le bon abbé Grandin avait été appelé dans la petite ville de Pontorson pour y recueillir sa part d'un héritage. Livré tout entier aux soins qu'exigeait le troupeau dont il était devenu pasteur, il négligea d'abord cet avertissement; il se dit ensuite que la conclusion des affaires qui exigeaient sa présence à Pontorson importait beaucoup plus à ses pauvres qu'à lui-même;

il réfléchit à son âge, à ses infirmités, et comprit que, s'il différait ce voyage, il lui serait peut-être difficile de l'entreprendre plus tard : cette double considération le décida, et il se mit en chemin.

Cette époque était précisément celle où se termina d'une manière si fatale le séjour de Christophe dans la ville de C***, peu éloignée de Pontorson.

A son arrivée dans cette dernière ville, l'abbé Grandin apprit par la voix publique que Geneviève, dans un accès de délire, causé, disait-on, par la perte de sa fortune, et surtout par la mort de son enfant, s'était précipitée dans un abîme, où l'on assurait qu'elle avait perdu la vie. Cette affreuse nouvelle remplit de douleur l'ame du bon prêtre; car il avait instruit Geneviève, il l'aimait comme son enfant, et il donna des larmes amères à sa destinée.

Aussitôt qu'il eut recueilli son modique héritage, il arrêta son départ; et la veille, dernier dimanche de septembre, il assistait au salut dans l'église principale de Pontorson : l'office touchait à sa fin, lorsque le digne abbé, parcourant du regard l'assemblée des fidèles, remarqua une femme à genoux et priant Dieu avec un si profond recueillement, qu'elle ne

s'aperçut pas que chacun était debout autour
d'elle, tandis qu'elle seule demeurait prosternée.

De temps en temps elle ramenait sa main
sous le voile qui cachait son visage, et elle
paraissait porter son mouchoir à ses yeux. Son
affliction et sa ferveur captivèrent l'attention
compatissante de l'excellent prêtre; plusieurs
fois il reporta sa vue sur cette femme, dont il
lui était impossible de distinguer les traits.
Enfin elle se releva, et ayant par hasard jeté
les yeux du côté de l'abbé Grandin, elle fit un
mouvement prononcé de surprise; puis elle
baissa la tête, et, dès que l'office du soir fut
terminé, elle se perdit dans la foule et disparut.

Le lendemain, le bon curé se disposait à
partir lorsqu'il reçut le billet suivant :

« Si l'abbé Grandin veut bien se rendre ce
soir, vers sept heures, dans l'église de Notre-
Dame, il y trouvera, au tribunal de la péni-
tence, la plus malheureuse des femmes, qui
espère obtenir de lui le pardon de ses fautes, et
qui attend sa bénédiction comme l'unique faveur qu'elle puisse désormais espérer sur la
terre. »

Cette lettre réveilla subitement dans l'esprit

du prêtre le souvenir de l'infortunée dont la pieuse douleur l'avait intéressé la veille. Peutêtre, pensait-il, est-ce elle qui m'écrit ; car il avait remarqué le geste expressif qu'elle fit après avoir dirigé ses regards de son côté. Sans doute il était connu d'elle, et d'ailleurs, jamais l'abbé Grandin n'hésitait lorsqu'on réclamait ses secours ou quand il était en son pouvoir de les offrir. Il ajourna donc son départ, et fut exact au rendez-vous où l'attendait déjà sa pénitente prosternée. Quelle fut sa surprise, son saisissement, lorsqu'en cette femme il reconnut celle dont il avait pleuré la mort !... c'était elle.... c'était Geneviève !

La sainteté du lieu put à peine réprimer à cette vue les attendrissantes exclamations du vieux prêtre, qui, partout ailleurs aurait ouvert ses bras à l'infortunée et reçu ses larmes sur sa sainte poitrine.

— Ma fille ! ma chère fille ! dit-il, d'une voix entrecoupée, est-ce bien vous ? Mes yeux ne me trompent-ils point ?.... Ah ! parlez... parlez, afin que je ne puisse douter de ce que je vois.

Plusieurs fois il interrompit par des gémissemens la lamentable histoire de sa pénitente ; lorsqu'il sut enfin que c'était dans l'espoir de briser un invincible obstacle au bonheur de

Christophe qu'elle avait songé à offrir sa vie.

—Ma fille! pauvre et chère enfant, dit-il, est-il possible ? Qu'avez-vous fait ?

Et quoiqu'elle eût pris soin d'excuser Christophe et de se donner tort plutôt que de faire planer sur lui l'inculpation la plus légère, l'abbé Grandin ne put réprimer les mouvemens d'une sainte indignation. Enfin ayant demandé comment, après avoir voulu faire le sacrifice de sa vie, Geneviève avait échappé à la mort et se trouvait là devant lui, elle répondit:

« J'étais arrivée, guidée par le désespoir sur le bord de l'abime, et j'allais m'y précipiter lorsque ma main rencontra une croix plantée au-dessus du gouffre : cet objet sacré rappela tout-à-coup le sentiment religieux dans mon cœur, et l'anathème prononcé par l'église contre ceux qui se donnent eux-mêmes la mort. Je fus saisie d'horreur et d'épouvante: j'aurais sacrifié ma vie... mais mon éternité!.. mon avenir immortel!... O mon père ! à cette pensée, je demeurai sans forces, immobile d'effroi : je souffrais une atroce et inexprimable douleur : je ne pouvais plus ni vivre, ni mourir. Je tombai presque privée de vie au pied de la croix, et je ne sentis pas la pluie qui tombait à torrens, je n'entendis point les grondemens de la foudre. J'ignore combien de

1.   9

temps je suis restée en cet état : enfin, me
relevant, et embrassant, d'une étreinte désespérée, l'image du sauveur : O mon Dieu ! mon
Dieu ! m'écriai-je, inspirez-moi !.. Je conçus
alors un ardent désir de passer pour morte aux
yeux du monde sans enfreindre la loi divine,
sans attenter à mes jours.. Je regardai autour
de moi ; je distinguai, à la lueur des éclairs qui
se succédaient avec rapidité, un sentier taillé
dans le roc et qui plongeait dans les abîmes, et
j'entendis une voix intérieure qui me disait :
« Va, suis ce chemin et confie-toi en Dieu. »
Au même instant un vent impétueux arracha
un léger vêtement de mes épaules ; je ne le
retins pas et le laissai derrière moi comme un
témoignage irrécusable de ma présence et de
ma mort en ce lieu terrible. J'obéis à la voix
secrète que j'avais cru entendre et suivis l'étroit
sentier comme entraînée par une main invisible. Je longeai de la sorte, avec peine, les si-
nuosités du roc ; une pente rapide me conduisit
sur la grève, et j'atteignis enfin cette ville après
trois jours de fatigues et de souffrances.

» Vous savez tout, mon père : voilà les aveux
que j'ai désiré vous faire... Peut-être ma fuite
n'est-elle pas irréprochable devant Dieu, peut-
être suis-je coupable... Mais vous, mon père,
vous pour qui mon triste cœur s'est ouvert

depuis qu'il lui a été permis de se connaître,
vous qui savez si j'aimais celui que je pleure
vivant, si c'est pour lui ou pour moi que
je l'abandonne, vous ne me jugerez pas avec
rigueur ; vous permettrez que j'emporte avec
moi dans la retraite où je vais m'ensevelir
le pardon du ciel. Grace, grace, ô mon père !
que je reconnaisse en vous un ange envoyé
sur mes pas pour m'apporter quelques paroles
de consolation et d'espérance.»

Une révolution complète s'était opérée depuis cette rencontre si imprévue, dans l'ame
du vieux pasteur : sa sévérité habituelle avait
tout d'abord fait place à la pitié la plus tendre ;
il pleurait, il avait peine à étouffer sa douleur ;
et lorsque Geneviève eut fini son déplorable
récit, il ne trouva d'autres paroles que celles-ci :

— Chère et malheureuse enfant, qu'allez-
vous devenir ? où irez-vous ?

— Ne me le demandez pas, mon père, je
vous en conjure : pardonnez-moi, si, maintenant du moins, je crois devoir le taire.…
J'espère trouver un asile en des lieux que j'ai
appris à aimer sans les connaître, et où je serai
sûre d'être ignorée à jamais.

— Infortunée ! reprit le prêtre ; et de quoi
subsisterez-vous ?

— J'aurai besoin de peu ; mon travail me

soutiendra, et je serai sous les regards du Dieu des pauvres et des affligés.

Le bon prêtre était encore comme anéanti et foudroyé par l'étrange et déchirant récit qu'il venait d'entendre, et, avant d'avoir pu suffisamment recueillir ses esprits, il répondit :

— Que ce Dieu, ma fille, vous soutienne et vous console ! Il connaît la pureté de votre ame, et, si votre sacrifice est imprudent, Dieu bénit le dévouement sublime qui l'a inspiré : rassurez-vous, ange de vertu ; en son nom je vous absous et vous pardonne.

Après une courte pause, il ajouta :

— Peut-être, mon enfant, êtes-vous trop prompte à désespérer : l'avenir, dans cette vallée de misère, peut vous garder quelques jours moins sombres...... si jamais l'ingrat, dont...

—Oh ! ne l'accusez pas, mon père ! son cœur est bon et généreux... C'est moi, moi qui n'ai pu faire son bonheur; et aussi long-temps qu'il n'aura ni fortune, ni renommée, toutes choses qu'il mérite et que je ne puis lui donner, il n'y aurait pour lui que désespoir dans notre union... Cependant, dit-elle d'une voix brisée, peut-être, de temps en temps, donnera-t-il un regret, une larme à ma mémoire... Cette espérance m'est douce, elle est un baume pour mes blessures.... Oh! mille fois plutôt lui arracher un soupir par la pensée de ma mort que lui être importune par ma vie! Quelque bien que m'aient fait vos paroles, mon père, quelque consolation que j'aie reçue du pardon que vous avez fait descendre sur moi, jamais, non jamais, les aveux que vous avez entendus ne seraient sortis de ma bouche, si je n'étais certaine qu'ils mourront étouffés dans votre sein et que mon secret ne franchira pas le seuil de ce tribunal sacré.

Le prêtre répondit avec un profond gémissement :

— Hélas! je le sais, je vous dois un secret inviolable, aussi long-temps du moins que vous ne m'aurez pas permis de le rompre; mais promettez-moi que vous ne me laisserez pas ignorer votre sort, dites que vous écrirez quelquefois à votre vieux et inconsolable pasteur.

Geneviève le promit, et le vieillard, après avoir prié quelques momens avec elle dans un douloureux recueillement, lui dit :

— Mon enfant, je n'ai pas accompli tous mes devoirs envers vous, il m'en reste un encore à remplir; mais je ne puis le faire avant de vous avoir quittée quelques instans. Levez-vous, ma fille, demeurez en prière devant cette image de la mère du sauveur et attendez là mon retour.

L'abbé Grandin montrait en même temps à Geneviève une statue de la Vierge, et, ayant obtenu d'elle l'assurance désirée, il sortit de l'église, rentra précipitamment chez lui, saisit une bourse où il renferma en toute hâte un peu d'or, quelques billets de banque, toute sa part de succession, puis il rentra dans le temple où Geneviève était seule en prières, et s'avança vers elle.

Au bruit des pas du prêtre, Geneviève se releva; l'abbé Grandin lui dit alors à demi-voix :

— Votre mère, mon enfant, a fait, durant sa vie, beaucoup de bien aux malheureux, et c'est par moi qu'elle a répandu sur eux ses dons. La providence divine a mis tout récemment quelque argent entre mes mains, et elle m'a fait une loi sacrée de lui donner une destination pieuse et charitable. Recevez-le, ma fille... Les pauvres s'acquittent aujourd'hui par mes mains envers votre mère.

— Gardez cet argent pour eux, mon père, il leur appartient; ils en ont plus besoin que moi.

— Geneviève, reprit le prêtre d'un ton doux et en même temps un peu sévère, après tant de sacrifices hésitez-vous à en faire à Dieu un dernier? Est-ce l'orgueil qui vous porte à repousser ses dons?... Cet argent, dites-vous, appartient aux pauvres... n'êtes-vous pas pauvre aussi?

Geneviève leva les yeux sur le prêtre : l'humilité chrétienne, jointe à la plus touchante résignation, se peignit dans son regard.

—Donnez donc, mon père, donnez, dit-elle : j'accepte et vous rends grace.

Elle prit la bourse, et pressa vivement la main vénérable qui la lui présentait.

La majesté du lieu ne permettait pas une plus grande expansion dans leurs adieux; mais ce geste et ce dernier regard en disaient plus que ne l'aurait pu faire tout autre signe d'affection et de reconnaissance.

Geneviève ramena son voile sur son visage et sortit, tandis que le vieux prêtre, appuyé contre une colonne du temple, la suivit des yeux dans une muette douleur, et les tint encore attachés sur la porte de l'église, longtemps après qu'elle en eut franchi le seuil.

II

—

Le Prêtre.

L'abbé Grandin revint à Nantes profondément
affecté de son entrevue avec Geneviève. L'i—
mage de l'infortunée fugitive se présentait partout à son souvenir, et souvent, distrait par
elle au milieu de ses méditations pieuses et so—
litaires, on l'entendait s'écrier tout à coup, en
soupirant et joignant les mains : « Pauvre
femme !.... malheureuse Geneviève ! » Le bon
vieillard trouva dans cette histoire déchirante un

argument de plus à l'appui de sa maxime favo-
rite, qui tendait à imputer les plus grands maux
du genre humain au progrès des lumières; car il
accusait de tous les malheurs de Geneviève l'in-
struction que Christophe avait reçue : c'était la
science, pensait-il, qui avait étouffé la religion
dans son cœur. Il n'eut garde de croire que si
Christophe avait cessé d'être bon chrétien, c'est
qu'apparemment le christianisme lui avait été
mal enseigné : il ne voulut voir dans ce fait déplorable qu'une preuve de plus de l'incompati-
bilité de la science avec la religion telle qu'il
l'entendait. Il aimait fort à prêcher, et ce texte
fournit nouvelle matière à quelques sermons :
les philosophes et surtout Jean-Jacques, payè-
rent pour les fautes de Christophe : le vieux
prêtre redoubla contre eux d'invectives; il les
dépeignit comme autant d'instrumens de per-
dition, et, dès le lendemain de son retour à
Nantes, il fit fermer une école mutuelle avec
une satisfaction extrême, car il regardait ce
mode d'enseignement comme l'ennemi naturel
de son culte.

Cependant il ne cessait de regretter que Geneviève eût pris si promptement conseil de son
désespoir : il se disait qu'elle s'était exagéré sans
doute le malheur de sa situation; que son dévouement admirable l'avait entraînée à une

démarche téméraire ; qu'il y aurait eu pour elle et pour Christophe quelque chance d'un meilleur avenir s'ils fussent demeurés unis ; et il se confirma dans cette idée lorsqu'il eut appris, par un témoin oculaire, le désespoir de Christophe et son évanouissement sur le bord de l'abîme où il croyait sa femme ensevelie. Ce rapport lui fit concevoir meilleure opinion de Sauval : « Il aimait donc Geneviève, disait l'excellent vieillard, il l'a sincèrement regrettée ; il a eu des remords : quel bonheur pour lui de la retrouver vivante après l'avoir pleurée morte !» La conduite répréhensible de Christophe à l'égard de son père, l'abandon dans lequel il le laissa mourir, ébranlèrent peu l'opinion de l'abbé Grandin, et l'espoir qu'un heureux changement pouvait s'être opéré dans l'ame du coupable, car le bon archiviste avait toujours excusé son fils auprès de son pasteur ; jamais une seule plainte n'était sortie de sa bouche, et même, sur son lit de mort, les derniers mots qu'il prononça tendirent à justifier l'absence de Christophe.

Lorsque le prêtre sut enfin que Sauval avait acquis de la célébrité, et que son talent devenait pour lui un moyen assuré de fortune, ses regrets furent plus amers, ses vœux pour le rapprochement des deux époux redoublèrent d'énergie, et il eût donné tout au monde pour qu'une révélation inespérée découvrît à Christophe l'existence de Geneviève. O combien alors il aurait voulu pouvoir décharger son cœur du secret douloureux qui l'oppressait ; mais un devoir impérieux et sacré scellait ses lèvres.

Une année s'écoula sans qu'il reçût de nouvelles de l'infortunée, il était à son sujet dans une cruelle incertitude, déjà il commençait à se plaindre d'un si long silence et il accusait Geneviève en son cœur : enfin, dans une matinée d'octobre, il reçut une lettre timbrée d'un bourg voisin ; il rompit le cachet et lut ces lignes.

« Mon père, je remplis bien tard ma promesse ; une occasion favorable se présente enfin : je m'empresse de la saisir et je vous conjure de n'imputer mon silence qu'à la nécessité où je suis de cacher à tous mon asile. Je n'ose ni signer, ni dater cette lettre du lieu de ma retraite, et elle sera remise par un voyageur dans une ville voisine de la vôtre. Dieu veuille qu'elle arrive en vos mains, et faites-moi la grace de la détruire lorsque vous l'aurez lue. C'est pour moi un malheur de plus d'être privée de vos pieuses consolations, de ne pouvoir implorer de vous une réponse, apprendre par vous le sort de celui qu'il m'est interdit de nommer, de celui qui vit et vivra éternellement dans mon cœur. Dieu a eu pitié de moi : j'ai su en partie et d'une manière inespérée ce que j'avais un si ardent désir de connaître. Une page, un fragment de feuille publique, parvenu dans cet obscur hameau, est tombé entre mes mains. Son *nom*, son cher nom, s'y trouvait : que devins-je à cette vue? O mon père! je ne sais, car mes yeux se troublèrent, le vertige me saisit, je riais, je pleurais tout ensemble et j'avais peine à me soutenir. Il se passa quelque temps avant que j'eusse la force d'arrêter de nouveau mes regards sur cette page : j'y reconnus enfin l'extrait d'un de ses discours applaudis avec enthousiasme : je faillis m'évanouir de nouveau en parcourant ces lignes, je les lus et les relus cent fois ; je les couvris de baisers et de larmes... je les tiens... les voilà.. je les presse contre mon sein... je ne puis en rassasier ni mes yeux ni mes lèvres. J'entends retentir les applaudissemens : je jouis de son bonheur, de son triomphe... je suis fière de lui. Il vit..... il est célèbre.... hélas! est-il heureux ? oh ! que Dieu le comble de ses graces ! que toutes les bénédictions soient pour lui, toutes les épines pour moi...

je n'aurai pas payé trop cher sa félicité !

» Mon père, vous qui vous êtes dépouillé pour m'enrichir, pardonnez si je n'ai pu encore vous parler que de lui. Combien le souvenir de vos exhortations m'est cher ! que vos bienfaits me sont précieux ! Je leur dois les seules et dernières joies qu'il m'est désormais permis de goûter sur la terre ; car je puis, selon mon cœur, me consacrer tout entière aux malheureux : je m'efforce de leur rendre ainsi une partie du bien que j'ai reçu. C'est pour moi un soulagement d'être quelquefois distraite de mes maux en adoucissant les souffrances des autres ; il m'est doux de pleurer, de prier avec eux. Hélas! que deviendrais-je sans la prière, sans la foi en un avenir meilleur, et vers lequel s'élance déjà mon ame? oh! il me semble que, dégagée des liens terrestres, affranchie de l'espace et du temps, il me sera permis d'habiter invisible autour de LUI, de veiller sur sa tête adorée, d'être comme le bon génie de ses pensées et son ange gardien devant Dieu, jusqu'à ce que nos deux ames prennent ensemble leur vol.. Moment heureux! moment que j'implore avec une ferveur peut-être coupable... et pourtant je suis calme, oui, mon père, une douce paix remplit souvent mon cœur... serait-ce que je sens approcher l'heure d'une paix plus grande, d'un repos que rien désormais ne pourra troubler ou détruire!... Soyez béni, mon père, pour vos bienfaits, pour vos vœux compâtissans et surtout pour les larmes que j'ai vu tomber de vos yeux.... adieu, encore adieu... oh! priez... priez pour moi! »

L'abbé Grandin, après avoir lu cette lettre touchante, leva au ciel ses yeux humides, et, joignant les mains, il s'écria :

« Non, je ne puis croire à la consommation d'un semblable sacrifice; Dieu mettra un terme à cette horrible épreuve. »

Ah! que ne pouvait-il parler et assurer d'un mot le bonheur de deux êtres séparés par une étrange et inconcevable fatalité! Si du moins il avait l'espoir d'être relevé par Geneviève de l'obligation du silence! mais elle ne lui donnait point son adresse, sa lettre n'était pas timbrée du lieu de son asile, il ignorait ce lieu et ne savait pas même sous quel nom elle y était connue. Tous les obstacles qu'elle avait cru reconnaître à l'existence heureuse de Christophe avec elle s'étaient évanouis. Christophe était riche et considéré; il avait aimé Geneviève, sans doute il la pleurait encore, et maintenant ils pourraient être si heureux ensemble! Aussi l'abbé Grandin murmurait-il tout bas contre la loi rigoureuse qui lui fermait la bouche; il la respecta néanmoins, et, fidèle aux prudentes instructions de l'infortunée qui lui avait écrit, il brûla sa lettre. Ce fut en Dieu qu'il mit son espoir, ne doutant point que la Providence ne vînt tôt ou tard au secours de Geneviève.

Une nouvelle inattendue donna bientôt un cours différent à ses pensées. Le bruit se répandit à Nantes que Sauval, héritier de la fortune de son oncle, allait épouser Alice de Kérolais. Cette nouvelle fut un coup de foudre pour l'abbé Grandin ; si ce mariage se consommait, tout était dit : Geneviève serait à jamais vouée au désespoir. Le bon prêtre refusa d'abord d'y ajouter foi, il avait beaucoup entendu parler du comte, et il lui paraissait peu croyable qu'un homme aussi fier, aussi profondément imbu de préjugés aristocratiques, consentît à donner sa fille à un parvenu : d'autre part, l'accueil fait à Christophe dans la famille de Kérolais donnait consistance à ces bruits, et l'abbé alla chercher en toute hâte des informations plus sûres auprès de M. Louchet, cousin de la famille Sauval.

Il trouva l'épicier dans sa boutique de la rue du Cheval-Blanc, servant ses pratiques, le cœur joyeux, le visage épanoui, parlant d'un air capable et passant, avec une satisfaction parfaite, du fromage à la chandelle, et du suif à la cassonade. M. Louchet, déjà tout gonflé de l'honneur qui devait rejaillir sur lui de l'union de son cousin avec mademoiselle de Kérolais, n'eut garde de démentir les bruits publics, il en dit même beaucoup plus qu'il n'en savait. Jamais, à l'entendre, il n'avait douté d'un semblable résultat. Son cousin ne vivait-il pas de pair à compagnon avec les Kérolais? Sauval pouvait aspirer plus haut qu'à leur alliance ; car il était riche, tandis qu'ils n'avaient, eux, ni sou ni maille. Quant à lui, Louchet, il avait lieu d'être content, il aurait un député de plus dans sa manche ; son fils, pour le coup, serait placé dans le gouvernement, et il rêvait déjà pour lui-même la fourniture de la préfecture et celle de la garnison.

Le bon prêtre fut étourdi par ce déluge de paroles et par l'imperturbable assurance de l'épicier qui, le lendemain, lui rendit sa visite, et lui apprit, d'un air de triomphe, que son cousin venait d'acquérir le château de Kérolais.

— En voilà-t-il une galanterie pour la future, dit-il, et un procédé bien délicat encore ! Cela s'appelle, ce me semble, ramener le monde chez eux.

— Comment? demanda l'abbé Grandin,

M. Sauval aurait acheté, dites-vous, le domaine
seigneurial des comtes de Kérolais?

— Ma fine! oui, c'est comme j'ai l'honneur
de vous le dire. Il a payé ça de sa poche, et ça
fait bien mon affaire, à moi, qui suis un enragé
chasseur. Pas plus loin que l'an prochain je
veux aller battre les buissons par là-bas avec
le beau-père, et je compte bien, M. l'abbé,
que vous mangerez plus d'un civet de ma
chasse.

L'acquisition de ce domaine par Christophe
levait le dernier doute de l'abbé Grandin, et
lorsqu'il sut, quelque temps après, par une
voie certaine, que le comte y avait passé une
nuit avec Sauval, ce fait seul lui parut décisif :
il considéra la conclusion du mariage comme
prochaine.

Geneviève était donc perdue à jamais s'il ne
parlait pas ; Christophe lui-même ne serait pas
heureux, car il allait contracter, par ambition,
une alliance avec une famille qui le mépriserait,
et cette union serait pour lui une source de
chagrins et d'humiliations. Mais le prêtre pouvait-il parler sans enfreindre un des devoirs les
plus impérieux de son ministère? Pensée accablante et pleine de terreurs, source de perplexités cruelles!

Pour comprendre cette lutte intérieure, pour

2.   10

apprécier comme il convient la détermination
de l'abbé Grandin, il faut se rappeler toutes
les angoisses de son ame timorée, sans cesse occupée des châtimens éternels réservés aux pré-
varicateurs. « Cependant, se dit-il, Dieu qui
m'a jeté comme par miracle sur le chemin de
cette infortunée, a peut-être résolu de la sauver par moi d'un malheur sans espérance. Si
je parle, si je dis un mot, ce mot ne sera-t-il
pas tout à sa louange, à son honneur éternel?
D'ailleurs, en certains cas où d'effroyables cala-
mités pouvaient résulter du silence des prêtres,
de très-célèbres docteurs ont été partagés sur
l'obligation du secret. »

Agité, tourmenté par ces pensées contraires,
et dans la fièvre de l'incertitude, l'abbé se
mit à genoux, et, tendant ses mains jointes
vers l'image du Christ, il fit une fervente prière.
A peine se fut-il relevé qu'un nouveau malheur
frappa son esprit comme pouvant résulter du
second mariage de Christophe : en effet, pensa-
t-il, si, après sa conclusion, un incident im-
prévu venait à révéler l'existence de Geneviève,
que deviendrait Alice? quel sort affreux serait
le sien! Un homme aussi honorable que son
père ne recevrait-il dans ses vieux jours, pour
toute récompense de sa loyauté, de ses glorieux
services, qu'un sanglant et mortel outrage? Les

regards du prêtre tombèrent alors sur l'église où, quelques années auparavant, il avait uni les deux époux, où il avait appelé les bénédictions du ciel sur leurs têtes, et il se représenta aussitôt l'image triste et désolée de Geneviève gémissant dans la solitude et l'abandon. Ses yeux se remplirent de larmes, la compassion l'emporta dans son cœur; il s'écria :

— Geneviève, non, tu ne pleureras plus, puisqu'il est en mon pouvoir de sécher tes larmes, puisque ton avenir dépend d'une seule parole! Je la prononcerai : je préviendrai le malheur de tous ceux qu'un seul mot peut sauver; je proclamerai, à la face des hommes, ta vertu, ton dévouement héroïque et sublime. O mon Dieu! Dieu de miséricorde! je ne crois pas violer tes saints commandemens par cet aveu : Si je m'abuse, que j'en sois seul puni! J'accepte, mon Dieu, la peine que j'aurai méritée : O Geneviève, ma fille! mon enfant! je t'offre ce dernier sacrifice... Mais non, ma pitié ne m'abuse pas.... Dieu m'ordonne de parler... il a mis en mon pouvoir de te sauver... je puis, je dois le faire.

C'est ainsi que l'abbé Grandin prit la résolution d'avertir Christophe de l'existence de Geneviève, et il lui écrivit sur-le-champ la lettre dont le lecteur a déjà connaissance, et par la-

quelle il mandait Sauval auprès de lui pour lui
révéler cet important secret.

Il fut plusieurs jours sans réponse, et il s'a-
larma sérieusement d'un silence dont il ignorait la cause. Il crut l'avocat entièrement
absorbé par les préparatifs de son mariage.
Ses craintes redoublèrent après une nouvelle
visite que lui fit M. Louchet tout exprès pour
lui annoncer qu'il avait des renseignemens
de fraîche date, et que, selon toute apparence, le mariage se ferait dans une quinzaine.
Il espérait bien être de la noce, et embrasser
avant peu mademoiselle de Kérolais, qu'il appelait déjà sa cousine.

L'abbé ne douta point que Louchet ne fût
parfaitement instruit : il n'y avait donc plus de
temps à perdre, et sa santé débile ne lui permettant point de se rendre à Paris en personne,
il prit le seul parti auquel il lui fût possible de
songer. Il écrivit un seconde fois à Sauval, et
rendit sa lettre dépositaire de son secret ; mais,
avant de la recevoir, Christophe s'était mis lui-
même en chemin, et la lettre fatale tomba d'a-
bord entre les mains de Maxime, son mortel
ennemi.

III

Le Secret.

Sauval arriva de nuit à Nantes, le corps affaibli par la fièvre et rompu de fatigue : cependant l'agitation de son esprit était si grande qu'il lui fut impossible de reposer. Il passa la nuit dans un douloureux état de somnolence; il eut des rêves affreux et se réveilla plusieurs fois en sursaut, saisi d'effroi et le visage baigné d'une sueur glacée.

Quand le jour parut il se leva : incapable

de modérer son impatience, et, connaissant d'ailleurs les habitudes matinales de l'abbé Grandin, il ne tarda point à sortir. Il avait une partie de la ville à traverser, et vit ainsi un grand nombre de lieux qui lui rappelaient de touchans souvenirs ; mais, remplie d'orageux désirs, son ame ne s'ouvrit point aux émotions que donne, après une longue absence, l'aspect du pays natal et des lieux où s'écoula le premier âge. La ville était encore silencieuse et les rues presque désertes. Sauval marchait rapidement regardant à peine autour de lui, et suivit le plus court chemin : lorsqu'il aperçut de loin la maison du pasteur il ralentit le pas ; son cœur battit avec violence... quelques instans encore et il saurait tout. Une vague inquiétude se glissa dans son ame ; il se dit que les confidences du vieillard pourraient aussi bien l'éloigner que le rapprocher du but où tendaient ses vœux ardens. Il n'était plus qu'à quelques pas du presbytère, et se sentit comme cloué sur la place ; le cœur lui manqua et il lui fut impossible de faire un pas de plus. Il repassa dans sa mémoire chaque expression de la lettre du pasteur, et, n'y trouvant rien qui justifiât ses alarmes, il reprit courage, et s'avançant vers la porte, il frappa en retenant son souffle.

« Entrez » dit une voix faible que Christophe reconnut pour celle du vieillard, et qui fit
sur lui une étrange impression.

Il souleva le loquet de la première porte et
trouva celle du parloir entr'ouverte : il la poussa doucement et vit le prêtre assis et lisant son
bréviaire en face d'un crucifix d'ébène.

L'abbé Grandin avait le dos tourné vers la
porte, et, sans poser son livre, il demanda
qui était là. Christophe se nomma, et le prêtre
se retournant aussitôt, se leva et lui tendit la
main.

— C'est vous? dit-il : soyez le bien-venu,
mon fils.

Il fit asseoir Christophe, et, tandis qu'il
l'examinait, son ancien disciple considérait
lui-même l'austère figure du pasteur où une
ame céleste se montrait déjà comme dégagée
de ses organes matériels. Il remarqua, non
sans quelque surprise, les traces profondes empreintes en peu d'années par les fatigues et par
les macérations sur ses traits vénérables. Le
vieillard s'en aperçut, et lui dit en souriant :

— Je me fais bien vieux, n'est-il pas vrai,
mon fils?

Christophe hésitait à répondre, et le pasteur
ajouta :

— Pourquoi n'en pas convenir? Ce n'est pas

avec celui qui se dépouille de son enveloppe grossière comme un voyageur d'un vêtement incommode, qu'il faut user de semblables ménagemens ; et vous aussi, souffrez que je vous le dise, vous êtes bien changé.

— Je le sais, mon père. Il y a des émotions qui usent vite un cœur d'homme, et qui sont plus meurtrières que le poids des années.

Christophe, tout en parlant, interrogeait avec inquiétude la physionomie du vieillard, cherchant à y démêler un présage des aveux qu'il avait à lui faire. N'y ayant découvert aucun symptôme susceptible de l'alarmer, son courage lui revint tout à fait, et il dit, non sans une légère hésitation :

— En m'appelant auprès de vous, mon père, vous aviez un secret à me révéler ?

Le prêtre, dont le visage prit aussitôt une expression grave, répondit qu'il s'était expliqué dans une seconde lettre, écrite trois jours auparavant :

« Mais j'ai déjà compris, ajouta-t-il, que cette lettre ne vous était pas parvenue. »

— Non, pas encore, dit Christophe : veuillez donc m'instruire.

Il y eut alors entre eux un moment de profond silence, pendant lequel Sauval respirait à peine. Enfin le vieillard se leva, s'approcha de la fenêtre, et montrant de sa main tremblante l'église de Sainte-Croix :

— Voyez-vous cette église ? dit-il : vous souvenez-vous de la dernière fois que vous êtes venu là ? C'était un jour de fête.

Ce jour qu'il rappelait à Christophe était celui de son mariage.

— Je ne l'ai pas oublié, répondit celui-ci : ce souvenir m'est pénible.

— Mon fils, reprit le pasteur en l'examinant avec une attention qui jeta le trouble dans son ame, je ne puis prévoir l'effet que produiront sur vous mes paroles. Dieu veuille que votre cœur soit préparé à m'entendre, et que je n'aie point à vous prescrire un sacrifice !

Christophe frissonna, et tout occupé d'Alice, il sentit d'avance son cœur s'endurcir et son oreille se fermer aux paroles du prêtre. Celui-ci ne prononça qu'un mot :

— Geneviève ! dit-il.

— Ah ! s'écria Christophe, pourquoi prononcez-vous ce nom ? il m'est douloureux de l'entendre.

— Vous la pleurez donc encore ? vous l'aimiez ?

— Pourquoi le demandez-vous ? mes regrets ne la rappelleront pas du tombeau.

— Peut-être.

— Dieu ! Geneviève !

— Elle vit.

Si Christophe avait en ce moment vu un fantôme se dresser entre Alice et lui, il n'eût pas été plus épouvanté qu'il ne le fut par cette simple parole. Sa langue devint muette ; son cœur défaillit ; il retomba, faible, défait, sur son siége, et y demeura comme anéanti et foudroyé.

— Elle vit ! répéta le pasteur d'un ton profondément ému.

— Impossible ! dit enfin Christophe en rompant par cette exclamation un effrayant silence.

— Cela est vrai.

— Qui vous l'a dit ?

— Elle-même.

— Geneviève !!

— Je l'ai vue.

— Ciel !

Et tandis que Christophe demeurait plongé dans une morne stupeur, le vieillard lui apprit le sacrifice de Geneviève, sans entrer dans aucun détail de son entretien avec elle. Il lui fit part de la lettre qu'il avait reçue peu de jours auparavant, ajoutant que Dieu était venu au secours de cette infortunée, qu'il avait récompensé sa confiance et ses vertus en lui accordant des moyens d'existence et un asile.

— Où est-elle ? demanda Christophe d'une voix sourde.

— Je l'ignore.

— Quoi ! vous ne savez pas ?...

— Non, j'ignore le lieu qu'elle habite, tous mes efforts ont été inutiles pour le découvrir. Vous serez plus heureux sans doute ; mais aujourd'hui son existence n'est connue que de moi.

— Et la lettre, la lettre ?

— Elle a désiré qu'elle fût détruite : le feu l'a consumée. Mon fils, dit le prêtre d'un ton plus solennel, quoique vous ignoriez encore l'asile où s'est retirée votre femme, il suffit qu'elle existe et que vous le sachiez, pour qu'un second mariage soit un crime.

Ces derniers mots présentaient à Christophe sa situation sous le point de vue le plus douloureux ; il voulut en vain répondre, il sentit un froid mortel, et la pâleur se répandit sur son front et sur ses joues.

L'abbé Grandin eut pitié de l'état où il le voyait, et crut alors devoir employer tous les moyens possibles pour le pénétrer de ses obligations et l'engager à les remplir. Mais le digne et excellent prêtre avait, comme on sait, plus de zèle que de lumières : habitué à confesser des ames simples et candides , il connaissait peu les inexplicables profondeurs du cœur humain et les ressorts cachés de nos actions. Au lieu de se borner à quelques mots touchans sur Geneviève, il céda à la tentation malheureuse de faire un sermon :

« Mon fils, dit-il, admirez les voies cachées de Dieu ; voyez comme il s'est montré miséricordieux à votre égard : les liens que vous alliez contracter auraient été pour vous une source inépuisable de peines et d'humiliations. »

— Que voulez-vous dire ? demanda Christophe dont l'orgueil était déjà prêt à se révolter.

— Oubliez-vous, mon fils, continua le pasteur, que vous êtes né dans une condition fort obscure, et que la famille à laquelle vous étiez sur le point de vous allier, est une des plus illustres de la Bretagne ?

— Eh qu'importe ! la révolution n'a-t-elle point nivelé les rangs; le talent n'efface-t-il pas des distances imaginaires ?

— Voilà, dit le vieux prêtre qui commençait à s'échauffer à son tour en écoutant l'apologie d'une époque détestée , voilà bien le langage du siècle : ignorez-vous que cette fa-

mille vous eût rendu en dédains l'or que vous
lui auriez apporté, celle que vous auriez prise
pour femme n'eût oublié ni sa naissance ni la
vôtre, et bientôt elle-même...

— Ah ! qu'osez-vous dire ? vos soupçons
lui font injure. Respectez cette femme, car
c'est un ange de pureté, de vertu. Vivre pour
elle, avec elle serait le ciel sur la terre ?

— Et quand il serait vrai ? dit le prêtre d'une
voix sévère, votre devoir est tracé, vous devez
rompre avec elle, car Dieu n'a point brisé vos
premiers nœuds.... Je vous l'ai dit : votre femme
est vivante.

Ces mots refoulèrent l'orage au fond du cœur
de Christophe, il baissa la tête et pressa son
front brûlant entre ses mains.

— Promettez d'obéir, mon fils, jurez de
faire ce que le ciel vous ordonne.

— Quoi ! qu'avez-vous dit ? s'écria Christophe cherchant à recueillir ses pensées, que
demandez-vous ?

Et en même temps, il fixait le prêtre d'un
œil sombre et hagard.

— Non, vous ne commettrez pas ce crime,
s'écria le vieillard épouvanté, vous n'oseriez pas.

Et saisissant aussitôt avec force le bras de
Christophe qui s'était levé pour sortir :

« Vous ne me quitterez pas, dit-il, vous ne

franchirez point le seuil de cette porte que vous n'ayez prononcé ce serment : jurez, jurez, mon fils.

— De quel droit me le demandez-vous ? répliqua Christophe , dont l'orgueil se révoltait de nouveau... Je connais mon devoir... j'écouterai ma conscience : mais j'ai besoin de réfléchir..... Ma tête est un affreux chaos : tous les tourmens sont dans mon cœur.

— Malheureux ! dit le pasteur d'une voix forte et terrible, pourquoi réfléchir lorsque Dieu lui-même a parlé ? Ne redoutez-vous point ses menaces et sa colère ? Toute foi est-elle donc morte en vous aux paroles de votre Dieu et de votre Sauveur ?

— Non , je ne crois plus , répondit Christophe dans l'égarement de la passion , et , si c'est un crime, ce n'est pas moi, c'est vous qu'il en faut accuser.

— Moi ! interrompit le prêtre muet de surprise à son tour.

— Vous-même : oui, j'ai senti trop tard, hélas ! pour mon malheur, j'ai senti qu'il fallait à mon ame, à mes passions ardentes le frein salutaire de la religion. Et qu'avez-vous fait, prêtre du Christ, de ces germes de piété qu'une mère, qu'une sainte avait implantés dans mon cœur ? Si votre loi est douce et miséricordieuse, pourquoi me l'avez-vous montrée si terrible, si elle est simple et touchante, pourquoi me l'avez-vous déguisée sous un amas de formules, de mystères et de symboles ? Ah ! si la raison est nécessairement ennemie de la foi, il fallait donc étouffer la mienne dans mon berceau : ce n'est point là ce qui a été fait pour moi. On a dégagé mon intelligence de ses langes, on m'a jeté dans un monde où mille séductions battent le cœur comme autant de vents furieux, et pour me défendre contre elles, dans cette sphère orageuse où l'homme n'est quelque chose que par sa raison, vous ne m'avez donné que des dogmes dont la raison se rit, s'indigne ou s'épouvante.

— Impie ! tu blasphèmes ! s'écria le prêtre, qui, sortant de la muette stupéfaction où les reproches de Christophe l'avaient plongé, se leva tout-à-coup saisi d'horreur, et en étendant les mains comme pour repousser une vision effrayante. « Sors, laisse-moi, dit-il ; je ne te parle plus pour l'infortunée qui a tout sacrifié pour toi : tu n'es pas digne d'elle. Dieu lui a donné un asile et la paix, et vous réunir encore une fois, ce ne serait point la rendre heureuse comme je l'aurais espéré, ce serait empoisonner le repos dont elle jouit. Non je ne te parle plus d'elle : mais elle vit ; c'est assez :

et, si tu es résolu à te perdre toi-même , ne crois pas entraîner une jeune fille innocente dans l'abîme. Je sais le moyen de prévenir ton crime. Réfléchis donc, puisque tu as besoin de réfléchir, et demain, viens m'apprendre ce que tu auras résolu. Puisse Dieu t'inspirer et toucher ton cœur !..... Reviendras-tu ? »

Le geste, le regard du pasteur, le son de sa voix, tout remplissait Christophe d'effroi ; il savait que cet homme tenait son sort entre ses mains , et qu'aucune considération ne l'empêcherait de remplir ce qu'il croyait être son devoir. Sa colère et son orgueil, furent domptés par la menace terrible qu'il avait entendue ; il répondit affirmativement à la question du prêtre , et eut hâte de sortir et de se soustraire à sa vue.

Exprimer le désordre affreux des pensées de Sauval à la suite de cette scène est chose impossible. Son trouble tenait du délire : il allait, il marchait, obéissant instinctivement à un besoin impérieux de calmer, à force de fatigue corporelle, la tempête qui grondait déchaînée en son cœur. Enfin, après de longs détours, il regagna son hôtel.

Geneviève vivait ! était-ce un rêve ? avait-il bien entendu ? Cette découverte inattendue le livrait au flux et au reflux de mille sentimens contraires. Il vit encore une fois dans Geneviève l'unique obstacle à son bonheur, et, pour s'absoudre lui-même, il poussa l'ingratitude jusqu'à la condamner : il lui reprocha son sacrifice sublime et sa résolution désespérée dont il était seul coupable.

« N'est-ce pas elle, se disait-il, qui m'a abandonné, qui m'a laissé seul, souffrant et sans appui dans le monde ; n'aurait-elle pas dû mieux deviner les besoins de mon cœur, s'élever elle-même au niveau de mon intelligence, comprendre et tolérer les écarts d'une imagination ardente et me ramener à elle à force de dévouement et de persévérance ? Sais-je enfin dans quel coin de la terre elle vit cachée ; suffit-il du désir de la revoir pour me rapprocher d'elle ? Et parce qu'elle existe et qu'elle m'a délaissé, faut-il que je sois voué sans espérance à l'isolement, à un malheur éternel?... Et, d'ailleurs, ajouta Christophe marchant à grands pas et se frappant le front, lors même que le hasard seconderait mes recherches et nous réunirait, quel bonheur pourrai-je lui assurer ? Le prêtre l'a dit, elle est en paix, elle est heureuse... De quel droit troublerai-je son repos pour la rattacher à mon orageuse destinée?... En resserrant les nœuds qu'elle a librement rompus, il n'y aurait qu'angoisses pour elle; et Alice! Alice! Dieux! elle en mourrait. »

En se parlant ainsi à lui-même, Christophe relut la lettre touchante qu'Alice lui avait écrite en réponse à la sienne, et, s'arrêtant aux derniers mots :

« Elle me l'a dit, s'écria-t-il, elle en mourrait!... Ah! il y aurait démence, il y aurait crime à ruiner sans retour le bonheur de l'une sans assurer la félicité de l'autre. »

Au milieu de ces rapides pensées une terrible vision le poursuivait sans relâche, l'image sévère du vieux prêtre revenait toujours se placer entre Alice et lui, et toujours il croyait entendre un aveu menaçant sortir de ses lèvres. Oh! combien cet homme vénérable lui parut odieux! Avec quel mépris il reconnut dans ses austérités, dans la rigidité de ses principes, le signe infaillible d'un esprit étroit et faible! Christophe serait-il donc toute sa vie sa victime! Il sentit d'exécrables mouvemens s'élever en son cœur.... Il aurait voulu... que sais-je?... Ah! il y a des momens où l'ame de l'homme, plus faible même que coupable, s'abandonne à des transports étranges : une pensée terrible traversa son esprit comme la nuit un éclair blafard sillonne les ténèbres, et il s'épouvanta de ses vœux.

Enfin, il résolut d'attendre avant de se décider : il espéra que le temps lui viendrait en
aide ; il se dit qu'après tout ce prêtre était vieux
et infirme ; il fit sans remords, à son égard, ce
que Maxime faisait par rapport à lui, et ce qu'il
eût condamné de sa part comme une affreuse
ingratitude ; il rappela soigneusement dans sa
pensée, tous les signes de décadence empreints
sur la personne du pasteur. Ses cheveux blancs,
ses rides profondes, le son faible et brisé de sa
voix, il n'oublia aucun symptôme d'un déclin
rapide, qui, en rapprochant le vieillard de la
tombe, avancerait aussi le moment où Christophe serait affranchi d'une insupportable
crainte et seul arbitre de sa destinée. Il résolut donc de temporiser, et s'il le fallait,
d'endormir les soupçons du prêtre en l'abusant
par de fausses espérances.

Cette crise violente dura toute la journée, et
après une nuit sans repos, il songea au rendez-
vous assigné la veille, et prit une seconde fois le
chemin du presbytère.

Il fut surpris, en approchant, de voir les
contrevens de la maison encore fermés, long-
temps après l'heure où l'abbé Grandin avait
coutume de se lever. Quelques pauvres du voisinage causaient, rassemblés en groupes, à peu
de distance de la porte. Lorsque Christophe fut

arrivé à leur hauteur, il entendit une malheureuse femme dire à ses enfans en haillons qui
jouaient autour d'elle :

— Vous devriez plutôt pleurer, car maintenant qui nous donnera du pain, quand votre
père n'aura pas d'ouvrage et que vous aurez
faim ?

— Qui aurait cru cela, murmurait un autre,
lorsque, il n'y a pas plus de huit jours, il allait
encore visiter les pauvres par la ville ? Qui
nous soulagera maintenant quand nous serons
malades ?

— Que dites-vous ? demanda Christophe
à plusieurs, frappé de leurs paroles.

— M. le curé est mort, répondirent-ils en
gémissant.

— Mort ! grand Dieu ! se peut-il ?

Et il frappa sur-le-champ à la porte du presbytère.

La gouvernante du pasteur vint ouvrir ; elle
était tout en larmes, et, aussitôt qu'elle eut
reconnu Sauval, elle s'écria en se reculant
comme épouvantée :

— Ah ! monsieur, c'est vous qui l'avez tué !

Christophe invita cette femme à s'expliquer,
et il apprit que, peu de temps après son départ, l'abbé Grandin avait eu un violent cra-
chement de sang, et qu'il était mort presque

aussitôt. Le médecin, appelé auprès de lui, avait attribué cette mort subite à la rupture d'un vaisseau dans la poitrine, accident survenu pendant son entretien avec Christophe, et occasionné sans doute par l'énergie chaleureuse de ses dernières paroles.

Ce récit fit une révolution dans l'ame de Christophe; car la mort possède un charme tout-puissant pour changer les secrètes dispositions du cœur à l'égard de ceux qui ne sont plus. Les sombres pensées de Sauval firent place à des émotions attendrissantes, et ces mots : *C'est vous qui l'avez tué!* l'agitèrent comme le cri de la conscience et du remords.

La chambre mortuaire était ouverte : Christophe y entra, et fit quelques pas dans cette humble pièce où le vieillard avait achevé son existence solitaire, sa vie d'abnégation et de charité chrétienne. Un lit, une table et quelques siéges en composaient tout l'ameublement : elle était dégarnie de tentures, et sa nudité même la rendait plus sainte. Christophe tourna les yeux vers le lit, autour duquel brûlaient quelques cierges. Le corps y était étendu, vêtu de ses habits sacerdotaux, et les mains jointes sur le crucifix comme pour la prière.

Christophe s'approcha pour contempler encore une fois ces traits où une pieuse résignation avait laissé sa céleste empreinte. Il arrêta tour à tour ses regards émus sur ces mains généreuses qui, sous le toit de son père, avaient souvent aidé ses premiers pas, sur cette bouche qui tant de fois s'était ouverte pour l'exhorter et le bénir, sur cette noble poitrine qu'avaient remplie l'amour du devoir et la charité, et où maintenant dormait enseveli un secret redoutable. Il se rappela, pour sa condamnation, les vœux sacriléges qu'il avait formés, les dures paroles dont il avait payé la veille un tendre accueil et de pieuses exhortations : il eut honte et horreur de lui-même.

— Malheureux! pensa-t-il, qu'ai-je fait? Je l'ai maudit, et c'est moi, oui, c'est moi qui l'ai tué !

Il ne put soutenir cette pensée : suffoqué par la douleur, il tomba à genoux, et, tendant les bras vers ce corps inanimé :

—Pardon, oh! pardon ! s'écria-t-il dans l'égarement du désespoir. Et voilant son front de ses mains, il répandit un torrent de larmes.

IV

Le Choix imprévu.

Christophe fut retenu plusieurs jours à Nantes par la fièvre, la fatigue et l'état de souffrance où l'avaient jeté de si violentes secousses. Son ame, pendant ce temps, fut en proie à de nouveaux et terribles combats : enfin à force de s'exagérer les vices de son propre caractère, de se répéter les dernières paroles que l'indignation avait arrachées au prêtre, et surtout de relire ceux qui terminaient la lettre d'Alice, il en vint à se persuader ce qu'il avait tant d'intérêt à croire et à être convaincu, qu'en se rapprochant de Geneviève, loin de la rendre plus heureuse, il compromettrait la paix dont elle jouissait et porterait à Alice un coup mortel. Ces raisonnemens spécieux endurcirent son cœur contre la puissance des souvenirs et triomphèrent des derniers murmures de sa conscience.

La seconde lettre que lui avait écrite l'abbé Grandin pour lui révéler son secret, et que Christophe n'avait pu recevoir, fut quelque temps pour celui-ci un sujet d'épouvante. Il frémissait à l'idée qu'elle pût tomber entre les mains d'une personnes suspecte ou qui eût lieu de pressentir son importance; et quoique ce danger lui parût peu à craindre, il ne fut rassuré que lorsque cette lettre lui eut été renvoyée par Maxime, et qu'il se crut certain que le cachet du prêtre était resté intact. Alors seulement, il se regarda comme unique dépositaire de son secret et il l'étouffa dans son sein.

Après quinze jours de souffrance il revint à Paris, et plusieurs mois s'écoulèrent sans qu'il revit Alice, ni aucun membre de sa famille : cependant il lui fit passer quelques lettres et reçut ses réponses.

Elle l'engageait à prendre courage; car elle
ne désespérait point de fléchir son père, de lui
montrer dans l'article qui l'avait si profondément blessé, le fruit d'un moment d'oubli et
non celui d'une haine réfléchie. Elle n'apprit
pas à Christophe la vérité qu'elle ignorait elle-
même; elle ne lui dit point que si le comte ne
fermait pas entièrement l'oreille à ce qu'il entendait alléguer pour la défense de Christophe,
son indulgence ne devait être attribuée qu'au
déclin de la santé de sa fille chérie. Alice en
effet n'avait point supporté impunément tant
de secousses morales, et quoiqu'elle essayât de
cacher à son père ses souffrances, celles-ci se
révélaient malgré elle sur ses joues décolorées :
l'altération de ses traits était un spectacle poi-
gnant pour son père, et une seule des larmes
qu'il voyait tomber à la dérobée de ses yeux, le
disposait mieux en faveur de Christophe que
ne l'aurait pu faire tout le mérite de celui-
ci, où même l'espoir si séduisant de finir ses
jours dans son vieux château de Kérolais et de
le voir transmis à sa postérité. Il tremblait de
sonder la profondeur de l'attachement d'Alice;
son cœur défaillait à la seule pensée qu'il lui
faudrait un jour briser celui de sa fille; il aurait
pour l'amour d'elle, pardonné à Christophe
son titre d'avocat qui sonnait mal à ses oreilles

de gentilhomme, son libéralisme, ses torts
envers lui et les siens, tout enfin, excepté ce
qui était entièrement indépendant de son pouvoir ou de sa volonté, l'obscurité de sa naissance : aussi, quoiqu'il commençât à désespérer du succès de ses recherches généalogiques,
il les poursuivait encore, tout en protestant de
sa répugnance pour les opinions de Sauval et
de son ressentiment pour sa conduite.

Il eut bientôt des soucis d'un autre genre, et
les chagrins occasionnés par les périls de la monarchie firent quelque diversion aux peines secrètes de son cœur.

Le ministère Martignac venait de succomber,
et, en apprenant le nom des nouveaux conseillers de la couronne, plusieurs des adversaires
du dernier cabinet avaient été consternés de sa
chute. La France pressentit une révolution,
tandis que le parti ultra-royaliste attendait une
régénération sociale et battait des mains. Le
comte de Kérolais partagea les espérances et
l'enthousiasme de son parti : M. de Polignac
fut pour lui le sauveur de la monarchie.
Cependant l'orage grondait de toutes parts
autour du nouveau ministère : déjà se formaient les associations électorales et d'autres
plus redoutables encore, qui devaient assurer

le refus de l'impôt dans le cas où la chambre rejetterait le budget. La presse, dont la restauration avait décuplé la puissance par l'effroi même qu'elle en éprouvait, la presse, ardente, implacable, fulminait contre le pouvoir, et multipliait tous les moyens de résistance, en leur donnant un lien, une impulsion commune. Les tribunaux et les cours refusaient de réprimer ses violences, et l'autorité, moralement désarmée, laissait faire, car elle ne trouvait plus de force dans la loi, et redoutait de donner gain de cause à ses détracteurs en recourant à des moyens illégaux ; elle en était venue à ce point fatal où elle n'osait rien demander encore à la force, et où la modération ne lui était d'aucun secours.

Parmi les hommes qui déployèrent, à cette époque, le plus d'énergie contre le gouvernement, nul ne se montra plus actif, plus infatigable que Pierre Renaud. Il sortit comme d'une longue léthargie, et parut avoir pris une vie nouvelle depuis la formation du nouveau cabinet. Il parcourut toute la Bretagne avec l'ardeur de la jeunesse, prêchant le mépris du danger, l'oubli de soi-même, le dévouement à la chose publique, comme l'aurait pu faire un stoïque républicain dans les plus beaux temps de la Grèce et de Rome. Il entretint une correspondance active avec les chefs de son parti dans toutes les villes du royaume : il renoua ses relations à Paris avec plusieurs hommes influens, et entre autres avec son ancien confrère le baron Plumet.

Celui-ci jetait feu et flamme depuis qu'il voyait encore une fois le parti de l'ancienne cour triomphant.

« Courage, vieux Brutus, écrivait-il à Pierre Renaud : la partie est belle et bonne; il est temps d'en finir avec les prêtres et les marquis. Ces messieurs se moquent de nous ; mais ils sauront à qui ils ont affaire, et rira bien qui rira le dernier. Faites rage là où vous êtes, et croyez bien que je ne m'épargnerai pas ici. Je ne vous ferai pas défaut dans l'occasion : comptez sur moi quand même. »

Pierre Renaud acquit en fort peu de temps un ascendant prodigieux dans plusieurs départemens; il fut l'ame de la célèbre association bretonne pour le refus de l'impôt, et devint en quelque sorte l'arbitre des choix du parti libéral, dans le cas où la chambre serait dissoute.

Parmi les hommes dont il protégeait ouvertement la candidature, il y en avait un à Rennes, redoutable par l'énergie de son caractère et justement odieux à la famille royale par la célébrité qu'il s'était acquise comme conventionnel et membre du fameux club des Jacobins. Pierre Renaud attachait la plus grande importance à son élection ; il pensait qu'il n'y avait plus rien à ménager, et qu'il fallait répondre à des noms en apparence hostiles à la France par des noms également hostiles à la couronne. Cette élection cependant n'était pas certaine; mais la cour et le ministère s'effrayaient de l'idée qu'elle fût possible, et peut-être la crainte de voir surgir ce nom et quelques autres de l'urne électorale suffit-elle pour éloigner l'époque d'une réélection générale.

Rien ne fut négligé d'avance pour ôter toute chance de succès au terrible candidat de Pierre Renaud, et, à défaut d'autres moyens, on eut recours aux transactions. Il fut résolu que dans l'arrondissement où ce choix était à craindre, on ne mettrait aucun obstacle à l'élection d'un député libéral, si, de son côté, Pierre Renaud et ses amis s'engageaient à ne point soutenir la candidature du vieux jacobin. Il ne s'agissait plus que de prendre les mesures les plus propres pour faire consentir Renaud à un pareil arrangement, et il importait que le négociateur eût à la fois une certaine influence sur son esprit et un zèle à toute épreuve.

Or il vint à l'oreille du premier ministre qu'un seul homme en France peut-être était propre à une négociation de ce genre, et celui qu'on lui désigna, quoique ancien ami de Pierre Renaud, était le dernier qui pût s'attendre à être chargé d'un tel soin : ce fut le comte de Kérolais. Le ministre se souvint de plusieurs faits à l'appui de l'assurance qu'on lui donna, et qui étaient venus à sa connaissance personnelle à l'époque des guerres civiles. Il manda le comte auprès de lui, et lui proposa sur-le-champ, sans détour et dans l'intérêt de la cause royale, de remplir cette mission délicate auprès de Renaud.

La proposition ministérielle bouleversa le vieux gentilhomme, et il ne retrouva toute sa présence d'esprit que pour protester avec force contre un semblable choix. Ses relations avec M. Renaud, dit-il, étaient rompues depuis trente-cinq ans, et, quoique la rupture eût été tacite, ils se détestaient l'un et l'autre, ajouta-t-il, aussi cordialement que s'ils se l'étaient juré en face. Il refusa net, et quitta le ministre avec l'espoir de l'avoir convaincu : mais il avait affaire à un homme qui, une fois persuadé d'une chose, se laissait difficilement convaincre du contraire.

Le ministre savait les services autrefois rendus par Pierre Renaud à M. de Kérolais, et ignorait que celui-ci les eût attribués à des motifs peu honorables. Il croyait que l'éloignement du comte pour son ami d'enfance n'avait d'autre fondement que la divergence de leurs opinions, et que son refus ne s'appuyait sur aucun motif légitime. Il s'obstina donc à le regarder comme parfaitement propre à cette mission indispensable : il en parla au roi, lui dépeignit cette démarche du comte comme étant de la plus haute importance, et supplia le prince d'user, à cet égard, de sa haute influence auprès d'un de ses plus fidèles serviteurs.

V

—

L'Audience royale.

M. de Kérolais eut quelque peine à se remettre de la surprise et du déplaisir que lui avait causés son entrevue avec le ministre, et il en parlait un matin à sa famille en termes fort énergiques :

« Moi, moi, disait-il avec emportement, m'aller commettre vis-à-vis de cet énergumène, de ce forcené jacobin ? moi, traiter amicalement avec lui d'égal à égal ! Oublierai-je donc qu'après avoir mangé le pain de ma famille il a voulu trancher du seigneur avec moi? oublierai-je qu'il a pris d'assaut la maison où il a été nourri par charité; qu'il y a vécu en maître lorsque j'étais chassé, proscrit, et que je n'avais pas un abri pour ma tête : non, jour de Dieu ! je ne l'oublierai pas, dussé-je vivre cent ans, et.... »

La porte s'ouvrit en ce moment et les exclamations de M. de Kérolais furent interrompues par Bertrand qui annonça un gentilhomme ordinaire de Charles X.

Celui-ci invita le comte de la part du roi à se rendre le lendemain au château. M. de Kérolais demeura stupéfait : il se croyait oublié à la cour où il se montrait rarement, et aussitôt après le départ du messager royal, il mit son esprit à la torture pour comprendre le vrai motif d'une invitation semblable. Lorsqu'il l'eût deviné il se répandit en plaintes violentes et amères contre le ministre obstiné qui le mettait dans la nécessité cruelle de répondre à son prince par un refus. Il fut toute la journée d'une humeur massacrante qui n'était nullement adoucie le lendemain lorsqu'il se fit coiffer plus soigneusement que de coutume par le fidèle Bertrand, et revêtit son costume de

député pour se présenter devant le roi. Enfin,
il protestait encore énergiquement de son refus
irrévocable, que déjà il montait le grand escalier et traversait les appartemens du château.

Assez de reproches ont été infligés à un monarque malheureux par une justice inflexible :
le moment est venu d'apprécier sa conduite de
sang-froid, d'en parler, non-seulement avec
les égards dus à d'augustes infortunes ; mais
encore avec le respect dû à la vérité. Les temps
sont changés ; il n'est plus permis à personne
aujourd'hui de se passionner dans l'admiration
ou le dédain, et ceux qui reconnaissent que la
conscience du mal constitue seul le crime, n'au-
ront garde de flétrir, en la blâmant, la conduite
de Charles X dans les derniers temps de son
règne. Il puisait ses inspirations dans les sentimens qui honorent le plus l'humanité, il croyait
entendre une voix supérieure à toutes les voix
de la terre, qui lui conseillait un coup d'état,
comme l'unique moyen de sauver en France le
culte et la monarchie qu'il avait, avant tout,
promis à Dieu de défendre : cette voix lui montrait, dans le texte même de la Charte, l'obligation de s'élever, en certains cas, au-dessus d'elle ;
il fut convaincu et ne délibéra plus ; il ne fut
point parjure, car il ne crut pas l'être.

Son malheur comme roi était de ceux que les peuples ne pardonnent pas. Charles était par sa naissance, par son éducation, par ses goûts, étranger à la France telle que la révolution l'avait faite. Il fut, de sa nature, trop ennemi des tendances de l'opinion dans un temps où l'opinion était reine : aussi, vit-il constamment la France sous un faux jour, et ne calcula-t-il pas assez la force du torrent contre lequel il luttait et qui finit par emporter sa couronne. Mais on aurait tort de le croire dépourvu de plusieurs des qualités les plus essentielles dans un souverain : lorsque ses préjugés ne l'aveuglaient pas, on reconnaissait de la pénétration dans ses vues et de la sagacité dans ses jugemens. Ses manières et son langage offraient sur le trône un rare mélange de grace et de dignité : il possédait au plus haut degré le don de gagner les cœurs ; et si Charles n'échappa point au sort commun des princes, en accordant souvent à l'intrigue ce qui n'était dû qu'au mérite, du moins il sut, comme son aïeul Henri IV, se faire pardonner un refus injuste ou un long oubli par la séduction de ses paroles, et, parmi ceux qui n'avaient reçu de lui aucune autre récompense de leurs longs services, il en était peu qui ne se crussent encore ses débiteurs. Le comte de Kérolais était de ce nombre ; aussi son cœur battait-il avec violence lorsqu'il franchit le seuil de l'appartement royal , avec la ferme volonté de répondre par un refus à son maître.

Charles X était debout lorsque le comte entra : il tendit la main à son vieux serviteur aussitôt qu'il l'aperçut :

« Eh bien , cher comte , lui dit-il , c'est aujourd'hui comme il y a trente ans : nous avons besoin de vos bons et loyaux services.

— Sire , maintenant comme alors , je serais heureux si je pouvais être réellement utile à votre majesté.

— J'en étais sûr : vous savez sans doute ce dont il s'agit aujourd'hui : mon ministre a dû vous instruire.

— Sire , dit en hésitant le comte , qui avait recours aux circonlocutions pour adoucir et voiler son refus , votre majesté , j'en ai peur , a conçu , dans cette circonstance , une trop haute idée de mes moyens. Elle me permettra de lui faire observer que...

— Je sais tout , cher comte , mais , à votre tour , vous me permettrez de n'être pas de votre avis : cet homme , j'en réponds , sera flatté de votre démarche.

— Mais, sire , serait-il impossible de trouver

quelqu'un qui ait sur lui plus d'empire, et qui convienne mieux que moi à une telle mission ?

— Il importe à l'honneur de mon gouvernement, reprit le roi d'un ton digne, que ce soit un homme comme vous qui la remplisse.

Le comte comprit la portée de cette réponse et tout ce qu'elle avait d'honorable pour lui. Sa résolution, quoique fortement ébranlée, n'était pas vaincue; mais il était si touché de l'accueil et des paroles du monarque qu'il ne savait plus comment résister : enfin, il fit un effort désespéré :

« Sire, dit-il, je vous jure que cet homme me déteste autant que je le hais. »

— Je n'en crois rien, reprit le roi, car on m'a dit qu'il a épargné votre château dans le temps où il aurait pu se donner le plaisir d'y mettre le feu. D'ailleurs, je connais ces gens-là; ils ne hurlent souvent que pour être caressés, et alors ils flattent au lieu de mordre.

— Ah ! votre majesté augure trop bien de mes succès comme négociateur; je voudrais avoir autant de confiance qu'elle en moi-même: mais...

— Kérolais, dit le roi en le regardant d'un air grave et mélancolique, votre aïeul est mort à Fontenoy et un de vos oncles à Rosbach?

— Oui, sire.

— Votre père a été blessé aux Tuileries le dix août?

— Oui, sire.

— Et vous, m'abandonnerez-vous dans le danger?

—Ah! que demandez-vous, sire? Mon faible bras, mon sang, tout ce qui me reste, tout est à vous.

— Je le sais, je le sais, dit le roi avec émotion.

Il se tut un moment, inclina la tête, absorbé qu'il était dans ses pensées, et lorsqu'il la releva, elle offrait la noble expression d'une douleur profonde et résignée.

— Je n'ignore pas, dit-il, que ce que je désire doit vous coûter; mais il y a des circonstances délicates où l'on ne peut employer qu'un ami, et j'ai pensé que vous feriez pour moi ce que vous n'auriez jamais fait pour vous-même.

— Ah! sire!

— Ce n'est pas à un fidèle serviteur que je dois taire mes périls. Je ne me fais point illusion : ma situation est grave, très-grave, et, dans la lutte où mon honneur est engagé, il y va de mon trône, de ma vie.... Peut-être ne pourrai-je jamais récompenser dignement ceux à qui je dois déjà beaucoup et à qui je puis de-

voir plus encore. Je ne vous le cache pas.....
Dites maintenant, puis-je compter sur vous?

—A la vie, à la mort! s'écria le comte attendri et maîtrisant à peine son émotion ; ordon-
nez, sire, je suis prêt.

—Merci, merci, mon vieil ami, dit Charles :
je n'attendais pas moins.

Et il lui tendit de nouveau sa main royale,
que le comte saisit avec amour et respect, et
qu'il pressa plusieurs fois contre ses lèvres.

VI

—

L'Entrevue.

———

Chaque jour multipliait les occupations de
Pierre Renaud, qui, avant de faire quelques
démarches décisives, désira connaître exactement l'état des esprits dans la capitale et les dispositions présumées du gouvernement. Accablé
d'affaires comme il l'était, il n'avait point le loisir de se rendre à Paris, et il était indispensable
qu'il s'entretînt longuement avec un homme bien
informé qui eût toute sa confiance. Il songea tout

d'abord à son neveu Christophe, qui, en sa qualité de rédacteur de *l'Oracle*, avait, depuis peu, gagné autant de terrain dans l'estime de son oncle qu'il en avait perdu dans celle du comte. Il lui écrivit et le manda auprès de lui à Rennes, pour concerter ensemble quelques mesures politiques de la plus haute importance.

Christophe se mit en route après avoir prévenu son oncle de sa prochaine arrivée. Renaud vint au devant de lui à une demi-lieue de la ville, et fut reconnu de loin à sa démarche et à son costume, qui n'avaient subi aucun changement : c'étaient toujours le chapeau à larges bords et la redingote brune à longues basques, accompagnés de la haute canne à pomme d'argent qui achevait de donner un air patriarcal à toute sa personne : il se tenait aussi droit que jadis, et marchait d'un pas égal et ferme. Christophe fit arrêter la voiture aussitôt qu'il aperçut son oncle, et il se jeta dans ses bras. Renaud l'embrassa tendrement et marqua beaucoup de joie des titres qu'avait obtenus son neveu à l'estime des patriotes depuis l'avènement du nouveau ministère. Christophe fut étonné de le trouver en quelque sorte rajeuni : l'ardeur long-temps assoupie dans son ame s'était rallumée et rayonnait dans ses regards. Il parlait avec le feu d'un jeune homme, et il fallait cette activité merveilleuse pour répondre à tout ce que la circonstance exigeait de lui.

Il eût été difficile de deviner son importance à l'aspect de sa demeure : il habitait, au quatrième étage d'un misérable hôtel, deux pièces mal closes, dont l'une n'avait point d'autre ornement qu'un vieux sabre que Pierre Renaud portait jadis en sa qualité de commissaire de la république aux armées de l'Ouest, et qu'il conservait comme une relique précieuse. Ses occupations étaient innombrables, et, quoiqu'il parût se multiplier lui-même, il avait besoin d'assistance, et demanda, pendant quelques jours, celle de son neveu.

Christophe prit un logement dans l'hôtel le plus voisin, et, dès son premier entretien avec son oncle, il comprit que ses idées politiques ne s'étaient pas modifiées plus que son costume : Renaud espérait bien ne pas mourir sans saluer le drapeau de la république, et rêvait une société nouvelle fondée sur l'abolition de toute autre distinction que le mérite. Il n'osait cependant émettre hautement ces vœux : les instructions qu'il recevait du comité-directeur de Paris étaient précises à cet égard; car une semblable déclaration de principes aurait effrayé les électeurs. Il se bornait donc en public à montrer le triomphe de la raison comme résultat immédiat de la liberté la plus absolue, et le bonheur de la nation comme contenu en germe dans le suffrage universel. Mais avec Christophe il s'épanchait sans contrainte; celui-ci, quoique champion fort ardent du parti libéral, ne partageait pas les opinions exagérées de son oncle; mais il vit bientôt qu'il serait impossible de le ramener aux siennes, et, en cherchant à lui inspirer quelque modération, il l'enflamma davantage et s'attira ses reproches.

— A propos, monsieur mon neveu, lui dit Renaud, donne-moi donc le mot d'une énigme. Comment diable as-tu fait pour vivre si longtemps dans l'intimité de cet enragé comte de Kérolais, toi, mon parent, toi, neveu d'un homme qu'il déteste? Voilà qui passe toute croyance; car je pense bien que tu n'as pas rougi de ta famille devant lui.

Renaud, tout en parlant ainsi, serrait avec force le poignet de son neveu, et le regardait de telle façon que Christophe n'osa dire la vérité; il donna donc à entendre pour s'excuser, que le comte était devenu plus raisonnable et avait fait quelques progrès en modération. Ce qui pouvait rendre cette assertion vraisemblable, était l'effroi que la formation du nouveau ministère avait causé à plusieurs royalistes parfaitement connus et qui ne s'en défendaient point. Cependant Renaud ne parut pas convaincu, et secouant la tête :

« Voilà qui est fort extraordinaire, dit-il; on prétend qu'il y a deux beaux yeux dans cette famille qui t'aident à voir les choses à peu près comme tu les souhaites : cela est plus probable et je suis loin de t'approuver; car j'aimerais mieux te savoir sans abri et sans pain que passant ta vie avec des gens qui te méprisent ; et tu auras beau faire, ils te mépriseront, mon neveu. Ce vieux comte, que tu me dis s'être amendé, est bien le plus fier gentilhomme de la chrétienté ; et il serait pauvre comme Job, que l'espoir de rentrer dans son château, qu'à mon grand chagrin tu possèdes, n'arracherait de lui aucune concession. Au reste, c'est une justice à lui rendre, s'il a l'orgueil d'un démon, du moins il a les mains pures; il ne s'est pas engraissé des sueurs du pauvre. »

— Lui gardez-vous encore rancune, mon oncle ? demanda Christophe.

— Ah, répliqua Renaud, pourquoi a-t-il endurci mon cœur ? Il fut un temps, je te l'ai dit, où nous ne pouvions vivre un jour l'un sans l'autre, où il me nommait son cher Renaud, où je l'appelais Henri ; mais il a dédaigné ma tendresse, il a répondu par l'outrage à ma générosité ; oh ! il m'a fait bien du mal ! et ces souvenirs font bouillonner mon sang. Tiens, mon neveu, je préfère encore te croire ; j'aime mieux penser que l'ingratitude de la cour, ou tout autre motif, aura modifié ses opinions ; j'admettrai, si tu veux, qu'il voit de mauvais œil le nouveau ministère, j'aime mieux cela que d'imaginer que le fils de ma sœur s'est long-temps et volontairement exposé à ses dédains et à ses insultes : cette idée-là me serait odieuse.

Christophe détourna l'entretien, et son oncle lui dit qu'une lettre reçue dans la matinée lui annonçait la visite très-prochaine d'un agent du comité de Paris. En effet, par une coïncidence singulière, dans le temps où les ministres députaient un envoyé auprès de Pierre Renaud, le comité-directeur lui en adressait un autre chargé d'instructions secrètes et fort importantes. Le choix de cet émissaire, lui disait-on, pourrait lui sembler étrange et la prudence défendait de le nommer ; mais c'était un homme sûr, et M. Renaud devait avoir entière confiance en lui.

Le lendemain, dans l'après-midi, le vieux patriote reçut un billet conçu en ces termes :

« Une personne qui n'a pas eu l'avantage de voir M. Renaud depuis fort long-temps, souhaite d'avoir l'honneur de causer un moment avec lui : elle a de sérieuses communications à lui faire et désire ne se nommer que de vive-voix. M. Renaud est prié de dire s'il lui conviendrait de recevoir cette personne ce soir ou demain dans la journée. »

— Qui vous a remis cela ? dit Renaud au domestique porteur de cette lettre.

— Un voyageur qui est arrivé de Paris ce matin.

— C'est mon homme, reprit Renaud, en se retournant vers Christophe. Mon ami, dit-il au domestique, faites-moi le plaisir d'informer ce monsieur que je l'attends ce soir, le plus tôt sera le mieux.

Vers sept heures il entendit monter :

« Voici le personnage, dit-il, laisse-nous causer, mon neveu, et entre dans la pièce voisine. »

Il ouvrit une double porte, et Christophe passa dans la chambre à coucher, prit un livre et attendit la fin de l'entrevue, ne doutant pas aussi bien que son oncle, que le nouveau venu ne fût l'émissaire du comité directeur.

Il avait, en se retirant, emporté un des deux flambeaux : la chandelle qui brûlait dans l'autre ne jetait qu'une pâle lueur, à laquelle ajoutaient peu d'éclat deux tisons fumans dans le foyer :

A peine avait-il quitté l'appartement qu'on heurta légérement à la porte. Pierre Renaud ouvrit; un homme entra, portant par dessus ses autres vêtemens une ample redingote. Il paraissait âgé d'environ soixante ans ; sa haute cravatte dans laquelle son menton s'enfoncait cachait le bas de son visage : il fit deux pas dans la chambre, et, ôtant son chapeau, il découvrit une tête poudrée et coiffée à l'ancienne mode.

« Tubleu, pensa Renaud qui ne le reconnut point, voilà en effet un singulier patriote, on le prendrait plutôt pour un mousquetaire de Coblentz ; mais qu'importe après tout? Lafayette lui-même n'est-il pas marquis? »

Le nouveau venu se tint immobile, et regardant Renaud en face, il lui dit d'une voix sourde et embarassée :

« M. Renaud, je vous salue. »

— Monsieur, répondit celui-ci, je suis charmé de vous voir et depuis hier je comptais sur ce plaisir.

— Vous m'attendiez ? demanda l'étranger surpris.

— Sans doute, monsieur : il est vrai qu'on ne m'a point dit votre nom; mais je sais de quelle part vous venez ici, et je réponds que nous nous comprendrons à merveille.

— Comment !

— Je sais ce dont il s'agit : n'arrivez-vous pas de Paris ? N'obéissez-vous point, en venant ici, à une haute influence? Enfin ne remplissez-vous pas près de moi une mission politique ?

— Oui, cela est vrai ; mais avant tout, dites-moi me reconnaissez-vous ?

Il releva la tête, et la lueur vacillante de l'unique flambeau donna en plein sur son visage que l'obscurité de l'appartement avait à peine jusqu'alors permis de distinguer.

Renaud le regarda fort attentivement ; puis fit une exclamation de surprise :

— Non, s'écria-t-il, en se reculant, cela n'est pas... et pourtant, si j'en crois mes yeux.. allons, allons, je suis fou : c'est impossible.

— Je conçois votre surprise, dit l'étranger ; mais vous ne vous trompez pas, je suis le comte de Kérolais.

— Vous ici ! vous chez moi !

— Oui cela est étrange : il ne fallait pas moins pour me déterminer à cette démarche

que la haute influence que vous me rappeliez
tout à l'heure. D'après vos paroles j'aime à
penser que nous pourrons nous entendre; mais
je regrette qu'on ait employé dans cette négociation un homme dont le choix, j'en ai peur,
ne vous est pas agréable.

— Ne pensez pas cela , monsieur, je reconnais, comme je le dois, la démarche que vous
avez consenti à faire auprès de moi : et pourtant, à vous parler vrai, plus je songe à notre
rencontre, plus elle me semble étonnante : je
ne sais si j'en dois croire mes yeux ou mes
oreilles. Mais veuillez vous reposer : nous
causerons ensuite.

A peine furent-ils assis en face l'un de l'autre,
à chaque angle de la cheminée, qu'un violent
coup de vent ébranla la maison et faillit étein-
dre la lumière, en sifflant à travers les fentes
de la porte. Novembre touchait à sa fin, l'hiver
sévissait déjà rigoureusement. Le comte tout
transi frissona : Renaud s'en aperçut :

« Je suis fâché de vous recevoir si mal et
dans une chambre si froide, dit-il, en souf-
flant son feu et y jetant une bûche ; mais je
suis de ceux qui n'ont guère pensé à leurs propres affaires en faisant celle des autres, et je
m'en aperçois un peu tard aujourd'hui.

— Je vous en offre autant, répondit le comte:

combien de mauvais drôles avons-nous vus au contraire ne songer qu'à eux-mêmes en parlant du bien public ! ces gens-là ont été plus habiles que vous et moi.

— Encore, reprit Renaud, s'ils s'étaient contentés de s'enrichir aux dépens du peuple; mais ils ont menti à tous leurs sermens : ils avaient juré de défendre la liberté de leur pays, et lorsque leur pays les a faits puissants, ils ont aidé à l'opprimer pour le piller plus à leur aise.

— Ils ont fait leur chemin, dit le comte du même ton, en chassant la noblesse, en déclamant contre les titres et les priviléges ; et ensuite ils ont ressuscité à leur profit les majorats, et chargé leurs poitrines de plaques et de cordons.

— Eh ! mon Dieu oui; nos bras, notre sang, nos biens, tout pour la république, disaient-ils, et ils se sont faits les ames damnées d'un tyran.

— Ils ont chassé leur roi légitime, dit le comte, pour se mettre aux genoux d'un usurpateur.

— Et ils se moquent de nous encore ! ajouta Renaud exaspéré. Oh ! je les maudis, les infames !

— Et moi, je les exécre et les abhorre, les

vils coquins, s'écria le vieux vendéen avec une égale véhémence.

— Ah, Henri ! dit Renaud en se livrant à l'abandon irréfléchi qu'inspire aux hommes de sa trempe un sentiment énergique lorsqu'il est partagé, nous étions faits pour nous comprendre ; quel démon s'est mis entre nous ? Vous souvenez-vous d'autrefois ?

— Oui, Renaud, je m'en souviens, dit le comte d'un air triste et pensif, j'ai maudit comme vous les événemens qui nous ont faits ennemis.

Un silence assez long suivit ces mots : chacun des deux vieillards paraissait comme surpris des paroles presque affectueuses qui lui étaient échappées : cependant l'un et l'autre était réellement ému. Les yeux du comte se portaient par intervalles sur la cicatrice d'une ancienne blessure que, dans leurs jeux avec les enfans du voisinage, Renaud avait reçue au front, en allant au-devant du coup destiné à son ami ; et il est mal aisé de dire quels gages de réconciliation auraient pu se donner ces deux hommes, rapprochés qu'ils étaient alors par les souvenirs du jeune âge si puissans dans l'arrière-saison de la vie, et par une antipathie commune pour une classe d'hommes qu'ils détestaient à des titres égaux quoique bien différens. Ils avaient, en outre, un vague espoir de s'entendre sur l'objet pour lequel ils se trouvaient momentanément réunis. Renaud, il est vrai, osait à peine se fier aux apparences; mais il était reconnaissant à son ancien ami de sa visite, qu'il regardait, jusqu'à un certain point, comme une amende honorable ; et le vieux gentilhomme qui s'attendait à un accueil froid et hautain, savait gré à son hôte du ton conciliant de ses paroles. En un mot, une haine de quarante années s'endormait en eux pour la première fois, et leur âme s'ouvrait à des dispositions bienveillantes dont ils étaient eux-mêmes étonnés.

Renaud rompit enfin le silence.

« Parbleu, dit-il, j'étais loin de penser que je serais redevable de quelque satisfaction à ces enragés de ministres. »

— Que voulez-vous dire, interrompit le comte en se redressant.

— Je veux dire qu'il est assez bizarre que notre rencontre puisse, en quelque sorte, être attribuée au ministère : mais, après tout, cela se conçoit, car il est bâclé de telle sorte que tous les bons citoyens sentent aujourd'hui le besoin de se rapprocher.

— Monsieur, dit gravement le comte en reculant sa chaise, ce ministère peut fort bien n'être pas au goût de tout le monde; mais, à coup sûr, il est impossible d'en trouver un qui ait de meilleures intentions , qui soit plus loyal, plus dévoué au roi.

— Je ne vous comprends pas à mon tour, répliqua Renaud, et il y a ici quelque chose d'inexplicable ; car enfin, ne venez – vous pas concerter avec moi le moyen le plus court de chasser ces gens–là ?

— Je viens de leur part, répondit froidement le comte.

— Bonté divine ! s'écria Renaud en se rejetant brusquement en arrière, comme un homme qui aurait pris une vipère pour une anguille, et qui reconnaîtrait son erreur : et moi qui étais assez fou pour vous croire raisonnable , pour penser que vous faisiez cette fois cause commune avec les patriotes !

— Moi, moi ! faire cause commune avec des jacobins, des régicides ? Et il faut que je dévore cette injure !

— Monsieur le comte, dit Renaud retenant avec peine l'explosion de son dédain et de sa colère , ma supposition, tout absurde qu'elle était, ne vous fait point injure ; elle vous honorait au contraire : mais enfin, puisque je me suis trompé, qu'êtes-vous venu faire ici , et qu'avez-vous à me dire ?

Le comte maudissait tout bas la mission qu'il avait acceptée, faisant un violent effort sur lui-même pour répondre avec calme :

— Monsieur, dit-il, ce que j'ai à vous proposer est à l'avantage de votre parti comme du nôtre.

— J'écoute, monsieur.

— Parmi les candidats que soutiennent vos amis dans l'attente d'une élection générale, il y en a quelques-uns dont les noms se rattachent à d'affreux souvenirs, à des scènes atroces; il y en a dont le choix serait un outrage à la personne du prince, et le roi de France ne doit pas être impunément outragé.

— Eh bien, monsieur?

— Eh bien, la présence de ces hommes dans la Chambre exigerait, de la part du souverain, l'emploi de mesures violentes auxquelles la Charte elle-même l'autoriserait à recourir.

Ici Renaud fit un geste expressif. Le comte se hâta de poursuivre :

« Je vous entends, dit-il : les factieux s'agiteraient, n'est-ce pas? Croyez-moi, si jamais l'épée était tirée du fourreau, un triomphe certain consoliderait le trône ; mais le roi aime son peuple, monsieur, et il gémirait d'un avantage qu'il n'obtiendrait qu'au prix du sang.

— Le roi a bien de la bonté assurément, répondit Renaud.

— Dans les circonstances actuelles, poursuivit le comte sans paraître s'apercevoir de cette interruption, voici ce que les ministres de Sa Majesté vous proposent : ils s'engagent à n'apporter dans l'arrondissement où vous exercez le plus d'influence, aucun obstacle à l'élection d'un candidat libéral, si vous renoncez à présenter un homme dont le choix, d'ailleurs fort douteux, serait funeste à votre propre cause.

— Nous devons être touchés de l'intérêt que nous témoignent les ministres de Sa Majesté ; mais ils nous permettront de ne point accepter leurs offres.

— Vous refusez ?

— Je refuse, monsieur. Depuis trop longtemps la France est bafouée par le pouvoir ; elle se lasse enfin, et il faut qu'elle proteste avec énergie contre les hommes qui pendant quinze ans ont abreuvé les patriotes d'humiliations et de dégoûts.

— Ceux que vous appelez patriotes, monsieur, auraient tort de se plaindre : ne jouissent-ils pas en paix et avec impunité des biens qu'ils ont ravis, et n'est-ce pas assez que le roi leur pardonne ?

— Il n'y a que les faibles ou les coupables

qui aient besoin d'indulgence ou de pardon, et les patriotes, croyez-moi, monsieur, n'en demandent à personne. Mais le jour approche où les comptes de chacun seront réglés. C'est vous qui avez jeté le gant à la France; car le choix de vos ministres est un crime de lèse-nation, et il faut répondre à leurs noms par des noms qui parlent aussi haut que les leurs.

— Mais alors ce sera la guerre.

— La guerre soit : nous l'acceptons.

— Le sang versé retombera sur votre tête.

— Sur la vôtre, M. le comte, aujourd'hui comme jadis.

— Qu'osez-vous dire? Après avoir été victimes de vos excès, en serons-nous encore responsables? Est-ce nous qui avons armé les pauvres contre les riches? Est-ce nous qui avons démuselé le tigre? Avons-nous enfin inondé de sang les échafauds, et fait ressembler la France bien plus à un repaire de bêtes féroces qu'à une nation d'hommes civilisés?

— Oui, c'est vous qui avez fait cela : car, en refusant au peuple la jouissance de ses droits, vous l'avez rendu furieux. Vous avez fait pis encore, car vous avez ameuté l'Europe contre la France; vous avez applaudi aux désastres de la patrie et ri de ses malheurs, et vous avez fait cela parce que vous n'avez de français que le nom, et parce que votre orgueil d'aristocrate vous enivre et vous aveugle.

— Ah ! je vous reconnais, et je vous dois la vérité, dit le comte en se levant et en enfonçant son chapeau sur sa tête. Vous vous êtes trahi : c'est une basse envie qui vous dévore, et qui aiguise votre rage forcenée contre une noblesse qui vous a nourris vous et les vôtres. Vous la maudissez parce que vous êtes né de rien, et, pour être quelque chose, vous mettez la France en feu ; pour être heureux, il vous faut du sang de noble et de prêtre à boire, et des têtes de rois à ronger.

— Comte de Kérolais, dit Renaud en se levant à son tour ivre de colère, je vous connais aussi. Je sais que vous faites moins de cas de la France que du plus mince rameau de votre arbre généalogique ; je sais que vous n'avez souci du peuple qu'autant qu'il rampe devant vous ; que vous trôneriez volontiers sur son cadavre, et qu'avant de l'accepter pour maître, vous feriez le vœu de Caïus, souhaitant qu'il n'eût qu'une tête, pour la trancher d'un coup.

— Horreur ! s'écria le comte exaspéré ; vous me rendrez raison, car vous avez menti !

— Votre vie ou la mienne ! dit Renaud.

Et il s'élança sur le vieux sabre suspendu à la muraille ; puis il s'arrêta tout à coup en face de son antagoniste et laissa retomber son bras.

— Une épée ! demanda le comte en trépignant de fureur, donnez-moi une épée !

Christophe accourut au bruit : la double porte qui le séparait d'eux l'avait empêché de reconnaître la voix du comte ; il n'entendit que des cris confus, et, craignant que son oncle ne fût en péril, il vola à son secours. Quelle fut sa surprise et sa confusion lorsqu'en ouvrant la porte, ses yeux rencontrèrent les regards enflammés du comte !

— Viens, mon neveu, dit Renaud aussitôt qu'il l'aperçut, viens m'aider à me souvenir que M. de Kérolais est sous mon toit et qu'il est sans armes.

— Votre neveu ! reprit le comte interdit à son tour, quoi ! c'est là votre neveu !

— L'ignorez-vous ?

— Je l'ignorais.

Et se tournant vers Christophe, le comte lui dit avec un souverain mépris :

—Le mot de l'énigme est donc trouvé, monsieur : voilà où aboutissent tant de recherches sur votre noble origine ! Allez, et sachez que j'aimerais mieux mendier le reste de mes jours que de recouvrer mon héritage de votre main,

que de l'acheter par une alliance honteuse avec
le petit-fils du bailli de mon père..... avec le
neveu de cet homme.

Et, en parlant de la sorte, le comte montrait
du doigt Pierre Renaud.

— Voilà ma vengeance, dit-il : je n'en demande pas d'autre.

Il sortit, laissant Christophe attéré de cette
rencontre imprévue. Ce dernier, dans son saisissement, n'avait pu trouver un mot à répondre, et il était encore stupéfait, lorsqu'un autre
orage fondit sur sa tête aussitôt après le départ
du vieux gentilhomme.

— Ainsi donc, lui dit son oncle en tournant
vers lui son visage courroucé, vous reniez vos
parens, et vous courez après des parchemins !
Malheureux ! quel triomphe a obtenu sur moi
cet homme, grace à votre indigne faiblesse :
car il savait que son dédain en tombant sur
vous, m'accablerait moi-même. Vous pouvez
partir : je n'ai plus besoin de vos services.

— Mon oncle... mon oncle ! Pardon ! ô pardon ! dit Christophe pâle et tremblant de fureur. J'ai eu tort... je suis coupable... envers
vous... envers les miens... Maintenant je sais,
je connais tout... Malheur, malheur à cet
homme ! je le déteste... je le maudis... et je me
vengerai !

La colère de Christophe calma celle de Renaud ; il comprit ce que souffrait son neveu, et il lui épargna de nouveaux reproches.

Christophe se crut délié de tout devoir envers un homme qui l'avait foulé aux pieds : la plaie de son amour-propre torturé fut incurable ; et dans sa frénésie à la suite de cette affreuse scène, il regarda comme légitime tout moyen de s'assurer de la personne d'Alice, de rendre au comte outrage pour outrage ; il ne rêva plus que vengeance... il se sentit capable de tout.

LIVRE VI.

I

Un Salon.

Dans la soirée du 25 juillet 1830. il y avait
réunion d'intimes chez madame d'Orgeval :
tous les membres de la famille Kérolais s'y
trouvaient rassemblés à l'exception du comte et
de son fils Alfred ; ce dernier servait alors dans
un des régimens qui tenaient garnison aux
environs de Paris. Le comte remplissait à
Saint-Cloud ses nouvelles fonctions de gentilhomme honoraire de la chambre, distinction

qui lui avait été récemment conférée en récompense du dévouement dont il venait de donner une preuve si éclatante.

Jamais, sans des circonstances difficiles et extraordinaires, il n'eût obtenu cette faveur si recherchée. Semblable à ces astres qui à la clarté du jour échappent aux regards, et qui se révèlent la nuit par l'éclat merveilleux dont ils brillent, le comte de Kérolais avait été méconnu, ignoré dans les jours de royales splendeurs et de prospérités ; il fallut que l'horizon s'assombrît autour du trône pour mettre en lumière son dévouement incomparable et toutes ses vertus, et c'est ainsi qu'il devint homme de cour à la dernière heure de la monarchie : il n'obtint d'ailleurs qu'une distinction onéreuse; car ses ressources pécuniaires étaient si bornées, qu'il fut obligé d'emprunter pour subvenir aux dépenses de sa charge. Il se trouvait, ainsi que nous l'avons dit, le 25 juillet de service auprès du roi.

Ce jour-là chacun pressentait dans le salon de madame d'Orgeval, que la crise politique approchait de son terme, et chacun affectait la sécurité la plus grande au cas que le roi se décidât à faire acte d'autorité. La prise récente d'Alger était, à ce sujet, le point de départ et le texte favori des déclamations.

— On met en doute le pouvoir du roi, disait madame d'Olbreuse, et il vient pourtant de réussir où Charles-Quint avait échoué !

— Oui, répondit madame d'Orgeval, la conquête d'Alger est un beau triomphe; et je compte qu'avant peu le drapeau blanc ralliera tous les naturels de ce pays-là.

— Oui, madame, dit M. d'Arci, heureux de pouvoir placer à tort et à travers une phrase officielle, la religion y fleurira bientôt à l'ombre des lys.

— En effet, reprit madame d'Olbreuse, les Bedouins pourraient bien un de ces jours faire honte aux Français; car ce peuple a conservé, dit-on, ses mœurs primitives, tandis que nous sommes une nation dégénérée, profondément corrompue.

— En vérité, madame, s'écria le vieux chevalier de Gournac, nos Français ne sont plus reconnaissables : autrefois ils applaudissaient aux triomphes de leurs armées, et je me souviens qu'en 1779 ou 1780, lorsqu'on apprit à Paris que M. le comte de Guichen avait battu Rodney, le peuple était dans l'ivresse, bien que notre cause fût mauvaise. Je l'ai revu ce même peuple, il y a trois jours : croiriez-vous qu'il n'a pas seulement eu le cœur de se réjouir du succès de nos armes, et de montrer

un peu d'enthousiasme sur le passage de sa
majesté ?

— Et tandis que messieurs les jacobins se
donnent les airs de bouder à Paris, répliqua
l'abbé Chorrin, ils ont l'insolence de faire à
Lyon une ovation à Lafayette. Vous avez sans
doute vu, dans le journal, ces quatre-vingts
mille hommes qui sont sortis au devant de lui
et qui lui ont fait cortége.... c'est inquiétant.

— Bah! interrompit d'Arci, tout cela vient
d'une seule et même source : c'est le comité-
directeur.

— Ah ça, s'écria Gournac, c'est donc une
bête enragée que ce comité-directeur ? Si j'é-
tais roi, j'en finirais d'abord avec lui.

— Vous avez raison, reprit d'Arci, et si l'on
faisait passer par les armes une demi-douzaine
de ces gens-là, on aurait bon marché dés autres.

—L'arrêt serait sévère, dit madame d'Orfeuil
qui jusqu'alors avait gardé le silence.

Alice, assise auprès d'elle devant un métier
de tapisserie, releva la tête et regarda sa sœur
d'un air expressif.

—Monsieur a raison, dit un personnage, qui,
introduit depuis peu dans la société de madame
d'Orgeval, cherchait à se faire valoir par l'exa-
gération et la violence de son royalisme ; il faut

un exemple, et si l'on faisait taire de la même façon quelques-uns de ces journalistes qui empoisonnent le public, à commencer par M. Sauval, tout irait au mieux.

Cette sortie malencontreuse mit à la gêne ceux qui connaissaient les relations qui avaient existé entre Christophe et la famille Kérolais. Madame d'Olbreuse rompit l'entretien :

— Mon Dieu! ma chère, dit-elle en jetant les yeux sur le travail d'Alice, prenez garde à ce que vous faites : vos derniers points ont tout brouillé.

— Il est vrai, répondit Alice; je n'y vois plus... c'est assez pour ce soir.

Elle posa son aiguille, repoussa son métier, se leva et sortit avec calme et dignité.

Madame d'Orgeval lui lança un coup d'œil foudroyant : chacun se regarda, et il y eut un moment de silence.

— Ah! si le roi voulait! reprit enfin madame d'Olbreuse.

— Mais la nation, madame, la nation, que dirait-elle? demanda d'Orfeuil d'un ton pédantesque.

— Que parlez-vous de la nation? dit le chevalier en bondissant sur sa chaise; il n'est plus question de la nation en France, Dieu merci! Ces mots-là nous ramèneraient droit à 93. Le peuple a donné sa démission : un caporal et quatre hommes suffiraient pour mettre les récalcitrans à la raison.

— Oui vraiment, ajouta l'abbé Chorrin en souriant d'une manière fort agréable, coulez une poignée de sel dans un canon, et je vous réponds qu'ils détaleront bon train.

— Bonaparte connaissait les Français, et c'était un fier homme, dit d'Arci qui oubliait alors qu'en 1814 il avait promené à la queue de son cheval le portrait de l'usurpateur; à la place du roi il ferait joliment sauter ces messieurs.

— Oui, reprit Gournac, la force, la force : il n'y a que la force pour réussir.

La porte du salon s'ouvrit et le comte entra : il avait l'air grave et soucieux. Il salua la compagnie et annonça une grande nouvelle : on fit cercle autour de lui. Le roi, dit-il, venait de faire un coup d'état ; et il communiqua aux assistans les dispositions principales des célèbres ordonnances qui devaient paraître le lendemain.

— Bravo! dirent plusieurs voix.

— C'est maintenant que Charles X est roi! s'écria madame d'Orgeval.

— Il se montre enfin, dit la marquise, le digne descendant de Louis XIV.

—Parbleu! reprit à son tour le chevalier, il sera curieux de voir la sotte mine que feront demain messieurs les jacobins.

Peu à peu cependant l'enthousiasme devint moins bruyant : plusieurs petits groupes se formèrent dans le salon où l'on ne causa plus qu'à demi-voix, et bientôt après, lorsque l'assemblée se sépara, l'inquiétude se lisait sur le front de plusieurs de ses membres, quoique tous crussent avoir remporté une victoire. Ils ressemblaient à ces voyageurs qui gravissent intrépidement les flancs d'un mont escarpé dont la cîme se perd dans les nues, et qui, parvenus au sommet, sont saisis de vertige après le premier cri d'admiration, et mesurent avec stupeur le rocher taillé à pic sous leurs pas et l'étroit sentier suspendu sur l'abîme.

II

Trois jours. — Paris et Saint-Cloud.

CHRISTOPHE se trouvait le lendemain avec le vieux géneral ami du baron Plumet chez ce dernier, lorsque la fatale nouvelle commençait à se répandre dans Paris. Ils ne surent tous trois d'abord que ce que la rumeur publique leur apprit : la charte, disait-elle, avait été indignement violée ; toute liberté de la presse était détruite, et le régime du bon plaisir succédait au régime légal. Le Moniteur enfin confirma ces nouvelles:

— Je l'avais bien prévu, dit le baron après avoir lu : voilà le dénouement inévitable de quinze ans d'intrigues et de complots contre nos libertés. C'est affreux, c'est abominable; c'est un crime de lèse-nation. La contre-révolution est flagrante; elle est faite si nous ne disons mot, et nous sommes des lâches si nous souffrons une pareille indignité.

— Il n'y a plus qu'à monter à cheval sans phrases, dit le général, et nous verrons de quel bois se chauffent messieurs de Coblentz.

— Hélas, reprit le baron, nos Français depuis long-temps ne savent plus que tendre le dos aux étrivières. Voyez ces Parisiens, dit-il en regardant par la fenêtre, ils se promènent, ils font leurs affaires, ils mangent, ils dorment, et puis c'est tout : Va, peuple de brutes, tu mérites d'être esclave; ah, général! s'il y avait seulement dans tout ce peuple une douzaine d'hommes de cœur comme vous et moi, nous verrions beau jeu ; mais l'égoïsme nous perd ; l'égoïsme, messieurs, voilà la grande plaie du siècle !

Le baron, comme on voit, faisait rage en paroles. Christophe et le général le quittèrent pour aller aux informations : ils rencontrèrent

au Palais-Royal Pierre Renaud, qui était venu
depuis huit jours à Paris, dans l'attente de
quelque grand événement, et qui, le *Moniteur*
à la main, déclamait avec chaleur, et saluait
déjà la résurrection de la république une et in-
divisible. Ils furent rejoints par quelques amis,
et un plan de résistance fut arrêté pour le
jour suivant. Les journalistes devaient donner
l'exemple, plusieurs se réunirent et rédigèrent,
sur l'heure, l'énergique protestation qui parut
le lendemain dans les journaux. Christophe
composa un violent article et passa une partie
de la nuit à en surveiller l'impression : son
confrère Ledoux ne s'était encore montré nulle
part ; Christophe courut chez lui le mardi au
point du jour, il apprit à sa porte qu'il était
malade, et il lui fut impossible de le voir. Il
retourna sur-le-champ à son poste au bureau
du journal où il ne tarda point à soutenir un
siége.

Paris commençait à bourdonner comme une
ruche d'abeilles à l'approche de l'ennemi, et
l'on sait les événemens de cette journée mémorable qui finit au bruit de la fusillade et des cris
de vengeance de la multitude.

Le lendemain l'insurrection éclata partout
à la fois, il devint indispensable de coordonner
les mouvemens ; le besoin de chefs se fit sentir :

il était urgent que des députés se missent à la tête du peuple insurgé; plusieurs remplirent dignement ce devoir périlleux; mais ils étaient en petit nombre et il importait que leur exemple fût suivi. Renaud songea au baron Plumet avec qui depuis quelques jours il se retrouvait sur un pied aussi familier qu'autrefois : il alla donc chez lui en toute hâte, pour l'engager à se joindre à ses collègues. La même pensée vint à Christophe : l'oncle et le neveu se rencontrèrent à la porte du baron : elle était défendue, ils forcèrent la consigne, pénétrèrent jusqu'à lui, et le trouvèrent pâle et défait.

— Quoi! qu'y a-t-il? Que venez-vous faire ici, demanda M. Plumet, dès qu'il les aperçut... Votre nom, M. Sauval, figurait parmi les signataires de la protestation : c'est fort imprudent à vous.

— Il ne s'agit plus de cela, dit brusquement Renaud.

— Ah, grand Dieu, comme vous voilà faits! ajouta le baron en jetant un regard de stupéfaction sur la cocarde des nouveaux venus et sur leurs vêtemens souillés par le combat.

— Allons, trêve aux paroles, dit Renaud : c'est maintenant que tous les hommes de cœur doivent payer de leur personne : on ne se bat plus à coups de langue, mais à bons coups de fusil. Vive Dieu ! c'est comme en 89 quand nous marchions sur la Bastille ! Es-tu sourd, ami Plumet, que tu n'entends point le tintamare des rues ?

En ce moment le bruit d'une violente décharge d'artillerie fit bondir le baron.

— Ventrebleu, dit celui-ci, je n'entends que trop bien : c'est ce peuple qui est sourd et aveugle... Ne voyez-vous pas là-bas défiler la cavalerie, les canons, une forêt de baïonnettes... Affronter tout cela, c'est se jeter dans la gueule du diable.... Miséricorde.... quel tapage infernal !... Mais voyez donc, Renaud, voyez les enragés : ils courent comme à la noce.

— Et nous sommes de la fête, s'écria le vieux patriote, et, nous t'emmenons avec nous si tu es digne d'être des nôtres.

— Moi, moi ! mais vous n'y pensez pas. Et que voulez-vous que j'aille faire là-dedans ?

— Il faut y paraître, dit gravement Renaud, en costume de député, d'élu du peuple ; il faut montrer à ces braves gens que les interprètes de la loi, les seules autorités qu'ils reconnaissent, combattent avec eux du bras et du cœur ; il faut qu'un pouvoir civil et central soit à ce peuple ce que la tête est aux membres. Allons, Plumet, du courage : voilà l'heure où les députés qui feront leur devoir acquerront une gloire immortelle, et la patrie attend d'eux qu'ils fassent leur devoir.

Les yeux de Renaud jetaient des flammes tandis qu'il parlait, et il finit par saisir violemment le bras de son ancien collègue, en disant d'une voix de tonnerre :

— Allons, marchons !

Le baron fit un saut en arrière, comme s'il eût senti la pression d'une tenaille ardente.

— Un moment, un petit moment ! dit-il, peste ! Renaud, comme tu y vas, mon vieux ! La patrie.... tout pour la patrie.... eh ! sans doute.... mais cependant il est aussi permis de penser un peu à son cou, car la patrie a besoin de bons citoyens, et leur devoir est de se conserver pour elle.

Les joues de Renaud devinrent pourpres : Christophe vit l'orage prêt à éclater, et tentant un effort pour le prévenir :

— Monsieur le baron, dit-il, vous pensiez hier qu'il n'y avait pas de temps à perdre, et promettiez d'agir si vous étiez secondé.

— Assurément : je ne demande pas mieux, moi ; mais ce n'est pas une raison pour faire des folies. Il fallait protester et refuser l'impôt ; il fallait organiser ses forces et régulariser la résistance avant de casser les vitres ; il fallait...

— Laissons ce lâche ! s'écria Renaud en entraînant son neveu ; laissons-le, te dis-je : de telles mains flétriraient le plus beau triomphe.

— Allons, il se fâche maintenant, dit le baron. Diable incarné, ne comprends-tu pas que je suis des vôtres, que ta cause est la mienne ? Eh ! je ne demande pas mieux que de vaincre, moi, et on n'est pas un lâche parce qu'on veut temporiser quand on n'est pas le plus fort.

— Mais hier vous disiez, ajouta Christophe, pendant que son oncle était attiré près de la fenêtre par le bruit plus rapproché du combat.

— Je disais, jeune homme... je disais.. Ah! la maudite musique... ce canon fait un bruit de cent mille diables !.. Je n'ai jamais dit qu'il fallût faire feu avant l'heure... Ah juste ciel ! c'est fait de nous... regardez donc : les voilà.. voilà les cuirassiers.. le peuple est en déroute.. eh bien, eh bien !... où allez-vous donc tous deux ?

— Rallier les patriotes, cria Renaud, en se précipitant avec Christophe vers l'escalier.

—Arrête, dit le baron avec anxiété, arrête, fou que tu es... tu vas te faire tuer à ma porte et me compromettre.. entends-tu le galop des chevaux ?.. Attends au moins qu'ils soient passés... M. Sauval, je vous en supplie, retenez ce diable d'homme et pour Dieu, cachez cette cocarde !

— Tais toi, misérable, vociféra Renaud du bas de l'escalier.

— Ne sortez pas, dit encore une fois le baron désespéré... au nom du ciel, Renaud, qu'on ne te voie pas sortir d'ici... je te dis que tu vas te faire hacher et on mettra le feu à ma maison... fermez la porte au moins.

Renaud tira le cordon lui-même et sortit avec Christophe tandis que le baron criait à son portier.

— Tiens ta porte close, imbécille, et n'ouvre à personne.

Une barricade improvisée coupait la rue à quelques pas de cette maison. La cavalerie s'était arrêtée devant elle et le peuple commençait à se rallier. Renaud courut sur-le-champ au poste le plus dangereux, et, saisissant le drapeau tricolore qui flottait sur la barricade, il l'agita au-dessus de sa tête et ramena une multitude d'hommes qu'il enflammait du geste, de la voix et du regard. Au même instant les troupes royales, en se repliant, démasquèrent une pièce de canon braquée sur la barricade qui vola en éclats au premier feu : *En avant, patriotes*, dit Renaud d'une voix formidable, et mille bouches répétèrent : *en avant, en avant;* il se précipita sur la pièce, l'emporta au pas de course et la tourna sur

l'ennemi qui se retira en désordre : le champ
de bataille resta au peuple, et Renaud courut
à d'autres triomphes.

Il communiquait à tous autour de lui sa brûlante énergie, sa parole faisait vibrer dans les
cœurs les plus nobles cordes, et il suffisait de
le voir pour comprendre qu'il se fût montré
plus terrible encore à l'égard des siens, s'ils
eussent souillé leur victoire, qu'envers l'ennemi
qu'il attaquait en face : mais l'enthousiasme
qu'eût inspiré sa noble figure à tout observa-
teur impartial, eut été mêlé d'inquiétude à l'aspect de quelques hommes qui combattaient à
ses côtés : Maxime Corbin était de ce nombre :
Maxime fut aussi un héros ce jour-là, et quoiqu'il
n'obéît alors qu'à un instinct sanguinaire, à une
envie haineuse et féroce, lui aussi devait, le lendemain, faire valoir des titres à la reconnaissance de la patrie. Cependant, électrisé par
d'héroïques exemples, et surtout par le sentiment de la justice et de la grandeur de sa cause,
le peuple en masse s'élevait au-dessus de lui-
même, et déjà, sur tous les points, la victoire
se déclarait pour lui. Renaud se montrait partout où il y avait un péril à braver, une palme
à cueillir : ce fut lui qui planta le drapeau sur
l'Hôtel-de-Ville, ce fut encore lui qui le lendemain entra le premier en vainqueur aux

Tuileries, et il ne prit quelque repos que lorsqu'il eut renversé de sa main et foulé aux pieds l'écusson royal sur les marches du trône.

Pendant ces terribles scènes et tandis que les Parisiens étaient encore dans la surprise et l'énivrement de leurs premiers succès, les esprits s'abandonnaient à la terreur et à une colère impuissante sous les lambris dorés de Saint-Cloud, et personne dans la résidence royale ne souffrait plus que le vieux comte de Kérolais. Quelquefois il s'arrêtait, prêtant l'oreille, écoutant le son lugubre du tocsin, et les décharges de l'artillerie avec autant d'angoisse que si chaque coup de canon eût frappé un des membres les plus chéris de sa famille : d'autres fois, il traversait rapidement les appartemens, s'approchait d'une fenêtre, et, mordant ses lèvres jusqu'au sang, il dévorait du regard la ville rebelle : que n'avait-il mille bras pour l'étreindre, mille tonnerres pour l'écraser !

Il ne songeait cependant alors ni à ses enfans ni à lui-même, et, pour comprendre ses sentimens, il faut se dire qu'aux yeux des hommes civilisés la patrie n'est pas seulement le sol qui les a vu naître et qui les a nourris : les idées, les affections que ce mot réveille en eux sont inséparables des lois et des mœurs du pays, et souvent les souvenirs qui se rattachent à celles-ci sont plus forts que tous les autres. Les ardentes sympathies du comte de Kérolais étaient toutes en faveur des anciennes institutions du royaume : où il les eût retrouvées il aurait cru retrouver une patrie ; où elles n'existaient pas il ne voyait qu'une terre ennemie ou étrangère.

Il était, le mercredi 28 juillet, avec d'autres personnages de la cour, dans une des salles du château, en face d'une fenêtre ouverte et donnant sur Paris. Le bruit s'était répandu qu'on attaquait l'Hôtel-de-Ville ; une longue vue avait été pointée dans cette direction, et chacun à son tour cherchait à distinguer le lieu du combat. On osait à peine se communiquer ses impressions et ses craintes, car le bruit sourd et répété du canon refoulait les paroles dans toutes les bouches.

Un enfant s'ouvrit brusquement un passage à travers ce groupe : il portait la tête haute et dégagée, et, touchant de la main la personne qui tenait la longue vue, il dit :

— Je veux voir, je verrai moi-même.

Et il réclamait son droit, car sa partie se jouait en ce moment : cet enfant était Henri de Bordeaux. A peine eut-il donné un coup d'œil qu'il repoussa l'instrument et dit :

— Un drapeau sur l'Hôtel-de-Ville!.... le drapeau tricolore!

Il devint pâle et se tut : ce drapeau lui révélait sa destinée.

Les assistans furent frappés de stupeur : le comte révoqua le fait en doute.

— Vous vous trompez, monseigneur, dit-il, en saisissant lui-même l'instrument.

— Je l'ai bien vu, répondit le prince.

— Et qu'importe! s'écria le comte après s'être assuré par ses propres yeux de la vérité, qu'importe, monseigneur, que les factieux obtiennent un avantage momentané! Ils paieront cher cette échauffourée. Que le roi fasse un appel aux Français contre le bonnet rouge; qu'il rallie autour de lui ses fidèles serviteurs! Il ne manquera pas de bonnes lames, je vous jure, et il sera bientôt plus roi en France qu'il ne l'a jamais été.

Outre les fâcheuses nouvelles qui arrivaient du dehors, le comte trouvait de nombreux sujets d'irritation dans l'intérieur du château. Il s'indignait de l'égoïsme qui perçait dans les discours de la plupart de ceux qui, comblés des faveurs de la couronne, semblaient, en ces instans terribles, beaucoup plus occupés d'eux-mêmes que de leur maître, et ce qui affligeait surtout son cœur passionné, c'était le flegme

2.   15

apparent du monarque, dont le visage et les
manières ne trahissaient aucune émotion violente, lorsque déjà le tocsin sonnait la dernière
heure de ses royales prospérités.

M. de Kérolais ne se rendait pas compte des
dispositions intimes du prince dans ces momens
d'angoisse pour ses plus zélés partisans. Mé-
diocrement dévot, et considérant moins la religion dans son esprit que dans ses formes, il
comprenait peu le calme et la résignation que
l'homme obtient d'une foi vive et profonde, et
ne voyait pas que le roi, convaincu d'avoir accompli un grand devoir, puisait dans cette assurance la force nécessaire pour se maîtriser
lui-même, pour se montrer confiant encore
dans le succès lorsque déjà l'espoir s'éloignait
de son cœur. Charles se soumettait en victime
pieuse et dévouée aux arrêts de la Providence,
et, bien qu'il sentît son trône trembler sous lui,
il croyait devoir à ses défenseurs, à lui-même,
de ne point paraître chanceler et désespérer
de sa fortune avant que le ciel eût prononcé.
Aussi ne montrait-il aucune altération dans
son langage ou sur sa physionomie, et n'a-
vait-il permis de rien changer à l'étiquette
ou aux habitudes de sa cour : les communications les plus graves n'arrivaient jusqu'à
lui que dans les formes voulues par l'usage : le

mercredi, le jour même où le prince enfant avait vu le drapeau tricolore sur l'Hôtel-de-Ville, il y eut jeu dans les salons du château comme de coutume; enfin les plats de la table du roi étaient encore portés en grand appareil, et l'huissier qui les précédait, la baguette à la main, ordonnait à chacun de se découvrir devant le dîner royal, lorsque le peuple souverain essuyait aux Tuileries ses bras sanglans sur le velours du trône. L'ame ardente du vieux comte bouillonnait à la vue de ces puérilités, et il accusait en secret d'insensibilité le prince qui les tolérait, préférant cent fois les larmes que versait MADAME, et le trouble visible du dauphin, à l'imperturbable sérénité du monarque.

Dans la matinée du jeudi les bruits les plus sinistres circulaient à Saint-Cloud : le tocsin et le canon s'entendaient sans relâche; on disait que la garde se repliait et que Marmont allait évacuer Paris; et tandis que la consternation s'emparait de tous les esprits, le roi et sa famille écoutaient la messe dans la chapelle du château. Le comte, debout dans la galerie, observait en silence cette famille agenouillée devant le Dieu qui l'éprouvait avec rigueur. Tout à coup un cri d'alarme est jeté au-dehors; mille voix le répètent, il retentit jusque dans

la chapelle, et la garde prend les armes.
Madame se lève épouvantée, Mademoiselle
imite sa mère dont elle saisit la main, le
jeune duc lève la tête et interroge des yeux
son gouverneur. Le roi, toujours calme, fait
un geste, il est compris : Madame et ses enfans reprennent aussitôt leur pieuse attitude,
et le service s'achève comme aux jours de la
plus parfaite sécurité.

L'alerte avait été faussement donnée. Le
roi, au sortir de la chapelle, traversa lentement la galerie, adressant à chacun une parole gracieuse sur son passage. Le comte l'avait
précédé dans son appartement et s'arrêta seul
à l'écart sur le chemin du roi, dans l'embrasure d'une fenêtre. Là, pensif, il gémissait de
l'indifférence apparente du prince, lorsque
Charles, en passant devant lui, regarda son
vieux serviteur avec une expression déchirante
et détourna la tête. Ce fut assez ; le comte
devina ce qu'il n'avait point compris jusqu'a-
lors, il avait lu dans le cœur de son prince,
et il eût donné mille vies, si, en les sacrifiant,
il avait pu lui rendre un seul fleuron de sa
couronne.

Au même instant le bruit rapide de deux
voitures se fit entendre dans la cour du palais,
et, presque aussitôt, sept hommes couverts de

poussière, pâles, défaits, et portant écrits sur leur visage les désastres de la monarchie, gravirent lentement l'escalier de marbre du château : c'étaient les ministres signataires des ordonnances du 25. Ils ne rencontrèrent que froideur et inimitié au lieu même où ils s'étaient vus si récemment l'objet de tant d'adulations; ceux qui se pressaient auparavant sur leurs pas évitaient leur contact ou leur approche, comme si ces hommes infortunés étaient atteints d'un mal contagieux. Deux d'entre eux surtout paraissaient navrés de douleur : le comte s'approcha du plus jeune, qui étendu sur un canapé, semblait comme privé de vie et couvrait son visage de ses mains. Le vieux gentilhomme tendit la sienne à cet homme malheureux et entreprit de le consoler, car il ne pouvait comprendre que l'infortune fût un titre au mépris et à l'abandon.

Cependant de toutes parts les populations s'insurgeaient, et, dans la nuit, le départ de la famille royale fut résolu.

Le roi, après avoir mandé successivement auprès de lui quelques serviteurs dévoués, fit appeler le comte. Celui-ci, en entrant, surprit Charles assis et pensif, le front appuyé sur sa main. Le roi, dans son accablement, n'aperçut pas d'abord le vieux gentilhomme; enfin, levant la tête, il le vit, et, d'une voix ferme encore :

« Kérolais, lui dit-il, je vais partir, nous allons nous séparer encore une fois. »

— Sire, répondit le comte avec effusion, que votre Majesté daigne m'accorder une grace, qu'elle me permette de ne la point quitter, de l'accompagner partout.

— Non, mon ami, dit le roi attendri, non, cela ne se peut pas : vous avez dignement rempli votre tâche de sujet loyal et fidèle... Ce n'est pas à votre âge que l'on doit courir les chances de l'exil... Mon absence peut être longue.

— Sire, je ne demande qu'à mourir près de vous et pour vous : souffrez que je vous suive.

— Non, non, je ne veux pas... D'ailleurs, dans les événemens qui se préparent j'aurai besoin de cœurs dévoués partout. Maintenant donc, adieu mon vieil ami, ajouta le roi dont la voix émue s'affaiblissait : encore une fois adieu.

Le comte se jeta sans pouvoir parler aux genoux de son maître qui le releva d'une main affectueuse, et les larmes royales inondèrent les joues du vieux serviteur.

Quelques instans plus tard, Charles traversa

silencieusement et pour la dernière fois le palais témoin de ses grandeurs ; il rejoignit sa famille, fit ses adieux à sa maison, et, tenant son petit-fils par la main, il s'achemina vers l'exil.

Le dauphin demeura quelques heures de plus à Saint-Cloud. Le comte refusa de quitter cette résidence avant le prince ; et tandis que la plupart de ceux qu'il rencontrait ne songeaient qu'à ce qu'ils avaient perdu, lui ne pensait qu'à ce qu'il pouvait offrir encore.

Il était seul, en proie aux plus tristes réflexions, lorsqu'un jeune officier entra dans la cour du palais : ses habits étaient souillés de poussière et de sang, sa parole brève, ses regards étincelans : il demanda le comte et s'élança dans sa chambre : c'était Alfred.

« Mon fils, dit le vieillard d'une voix sévère, que faites-vous ici ? Où est votre régiment ?

— Il a passé à l'ennemi.

Le comte fit un geste d'indignation et de douleur :

— Mon fils, reprit-il, es-tu résolu à tout sacrifier pour ton roi ?

— Oui, mon sang, ma vie.

— Et tu es prêt à te rendre partout où l'intérêt de ton prince réclamera ton secours ?

— Oui, partout.

— C'est bien : demain nous partirons ensemble.

— Où irons-nous, mon père ?

— En Vendée, mon fils, en Vendée!

III

—

La Tour de Kerlan.

LE comte, malgré son impatience, ne partit
point avant d'avoir bien considéré ce qui serait le plus avantageux à la cause royale. Il
attendit donc quelques jours à Paris, et lorsqu'il eut appris que Charles se retirerait, suivant toute apparence, du côté de la Bretagne,
il ne désespéra point d'opérer un soulèvement
en sa faveur, dans cette dernière contrée : il
ajourna en conséquence ses projets sur la

Vendée, et comprit que son premier soin devait être de ranimer pour le roi la fidélité des
vieux Bretons.

Il fit en toute hâte ses préparatifs de départ, et en l'absence de madame d'Orfeuil qui
partait pour Londres avec son mari, il confia
Alice à madame d'Orgeval. La baronne, qui
depuis la révolution des trois jours avait Paris
en horreur, prit encore une fois avec sa nièce
la route de Caen, tandis que le comte suivait
celle de Rennes en compagnie d'Alfred et de
Bertrand son vieux domestique. Celui-ci connaissait la Bretagne, parlait la langue des
paysans de cette contrée, et pouvait être fort
utile au comte qui ne mit en doute ni sa fidélité ni son dévouement à la cause de la monarchie expirante. Cependant il est permis de
croire que si Bertrand eût suivi son inclination
personnelle, il eût fait peu de chose pour mériter
à cet égard l'estime de ses maîtres. Son fils
avait obtenu de l'avancement depuis les trois
jours, l'industrie de son gendre prospérait, et
cette double cause jointe aux avertissemens
que donnait au digne homme son ancienne
blessure reçue en Vendée, contribuait peu à
réchauffer son zèle pour la guerre civile. Mais
quel que fût son intérêt et celui de sa famille
dans la lutte générale qui semblait à la veille

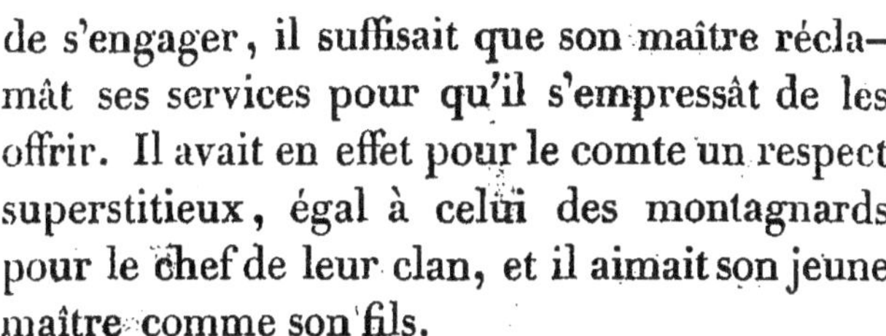

de s'engager, il suffisait que son maître réclamât ses services pour qu'il s'empressât de les offrir. Il avait en effet pour le comte un respect superstitieux, égal à celui des montagnards pour le chef de leur clan, et il aimait son jeune maître comme son fils.

Ce fut Alfred qui l'informa du projet de son père et qui l'avertit de se tenir prêt à les suivre. Bertrand ouvrit de grands yeux sans dire mot.

—Ne comprends-tu pas, mon bon Bertrand? Nous allons en Bretagne.

— Oui, mon ami, M. Alfred veux-je dire, oui, je comprends bien... en Bretagne, n'est-ce pas ?

— Et nous allons combattre pour le roi et le rétablir sur son trône.

—Le ciel vous entende, mon ami!

—Et tu auras ta part de gloire.

— Ah ! M. Alfred, je ne suis pas ambitieux, moi; je n'ai besoin que de votre affection.

— Quoi! reprit l'enthousiaste jeune homme, à la veille d'un si beau triomphe tu voudrais nous quitter?

— Jamais, jamais : partout où vous irez je veux aller aussi. Oui, M. Alfred, quand je devrais souffrir encore tout ce que j'ai souffert dans ma vie, je ne demande qu'à vous servir, qu'à

vous suivre jusqu'au tombeau...Cher, cher enfant, je veux mourir près de vous...

Trois jours après cet entretien, Bertrand
voyageait avec ses maîtres en Bretagne. L'ame
ardente du comte n'y trouva d'abord que des
sujets de découragement et de douleur. La
classe moyenne avait embrassé dans cette contrée la cause libérale; la noblesse, renfermée
dans ses châteaux, n'osait se prononcer ouvertement : enfin les paysans semblaient en général peu touchés des derniers événemens.

Le comte eut des conférences avec les hommes considérables du pays et connus par leur
royalisme; il mit en œuvre leur influence sur
les populations, et ne fut point rebuté par le
peu de succès de ses premières démarches. Il
parcourut le Finistère et le Morbihan; partout
il fut bien accueilli, mais nulle part la disposi-
tion générale des esprits ne répondit à ses ardentes espérances.

Il se trouvait un jour à Locminé, lorsqu'il apprit qu'un ancien chouan très-célèbre
dans les guerres de la révolution, habitait
aux environs. Nicolas Magan (le vieux chouan
se nommait ainsi), avait long-temps servi
sous George Cadoudal et jouissait dans le
pays d'une grande influence. Le comte ré-

solut de l'aller voir, espérant trouver en lui un instrument utile à ses projets.

Il s'achemina donc, le lendemain, avec son fils, vers le lieu qui lui avait été désigné comme celui de la demeure du vieux Magan. Bertrand les suivit, car il parlait le bas-breton et servait de truchement à ses maîtres. Ils longèrent un chemin creux et presque impraticable, comme il s'en rencontre tant dans cette partie de la Bretagne, et arrivèrent à un misérable village où l'on rencontrait encore çà et là mainte trace des ravages de la guerre civile. Ils s'arrêtèrent en face d'un clos planté de quelques arbres fruitiers disséminés sur les bords d'une mare infecte : à l'extrémité du clos s'élevait une cabane ou plutôt une hutte informe couverte de roseaux : c'était la demeure de Magan.

Au bruit que firent les arrivans en soulevant la barrière vermoulue de l'enclos, un gros chien s'élança sur eux en aboyant, et presque aussitôt une vieille femme en haillons sortit de la cabane et gourmanda l'animal avec des cris sauvages et discordans. Lorsque cette femme eut appris de Bertrand que des étrangers venaient voir Magan, elle les regarda la bouche béante et les yeux effarés, et dit que son mari était malade. Le vieux chouan entendit de son lit ce colloque et ordonna, d'une voix forte, à sa femme de faire entrer ses hôtes. Ils furent introduits dans l'unique pièce de l'habitation. Au moment où ils franchissaient le seuil, un porc, effrayé sans doute par leur apparition soudaine, sortit de la salle enfumée où il vivait en commun avec ses maîtres, et heurta violemment le comte. Tout annonçait la plus grande misère dans cette demeure dont une table, un lit et quelques siéges grossiers composaient l'ameublement. Il y avait dans un coin une grande armoire dont la partie supérieure renfermait les hardes de la famille, tandis que le bas servait de mangeoire aux pourceaux; un trou pratiqué au plafond, tenait lieu de cheminée, et exposait sans défense les habitans à toutes les intempéries des saisons. On distinguait sous une espèce de niche pratiquée dans la muraille, une tête humaine grossièrement sculptée : c'était celle du saint particulièrement révéré de la pauvre famille.

Le vieillard malade regarda les étrangers avec un air de défiance : cependant il parut rassuré après avoir attentivement examiné le comte, et portant alors la main à son bonnet, il montra des siéges aux arrivans, les invitant du geste à s'asseoir, puis il se tourna sur le

flanc de leur côté, et attendit qu'on lui adressât
la parole. Son visage anguleux offrait un type
remarquable de la race celtique : ses lèvres
tremblantes, même dans le silence, annonçaient l'énergie de son ame; ses traits étaient
rudes, mais tempérés par un regard qui exprimait à la fois l'habitude de souffrir et la résignation.

Le comte seul s'assit à côté du lit : Alfred
resta debout aux pieds du malade, tandis que
Bertrand se tint dans la même attitude à son
chevet, la tête inclinée vers le vieux chouan,
et prêt à lui transmettre les paroles de son maître. La vieille femme s'assit et prit son rouet,
portant alternativement les yeux sur son travail
et sur les trois étrangers.

—Le comte de Kérolais vient vous voir, mon
brave, dit Bertrand.

Le vieillard porta de nouveau la main à son
bonnet, regarda le comte et répondit :

—C'est bien de l'honneur que le noble seigneur fait à ma pauvre maison.

— M. le comte est un ancien soldat comme
vous, ajouta Bertrand, et il voit avec plaisir
un ancien compagnon d'armes : il a servi autrefois sous Georges pour la bonne cause.

Au nom de Georges le vieux chouan se souleva, et, s'accoudant sur son lit, il examina le

comte avec un intérêt visible ; puis laissant retomber sa tête il dit :

— C'est possible.... je ne me souviens pas...
Les chênes ont verdi bien des fois depuis ce
temps-là, et, parmi ceux qui étaient des hommes alors, il y en a peu qui ne soient aujour-
d'hui dans la demeure des ames.

— Sans doute, mon vieux, reprit Bertrand
traduisant mot à mot les paroles du comte,
ceux qui restent debout ne sont pas les plus heureux ; car ils ont vécu pour voir le triomphe du
mal, pour voir, comme autrefois, leur prince
errant et fugitif. Le roi de France n'est plus
sur le trône : les bleus l'ont chassé.

—Je sais... je sais, répondit le vieux Magan
sans s'émouvoir ; Dieu éprouve le roi... il
éprouve les grands comme les petits.

— Mais, continua Bertrand, si Dieu vous
rendait la santé, s'il se donnait quelques bons
coups encore pour le roi, ne seriez-vous pas de
la partie ? Ne feriez-vous point aujourd'hui
comme jadis ?

Le paysan secoua la tête et dit :

— J'ai entendu cette nuit la danse des tré-
passés sur les tombes du cimetière : c'est un
signe que le vieux Magan ne doit plus penser
qu'à Dieu et à son saint paradis.

— Mais la religion est en danger : ceux qui

ont chassé le roi de son palais chasseront aussi
Dieu de ses temples; ils détruiront les églises,
ils tueront vos prêtres.

— Femme, dit le moribond en interrompant
Bertrand d'une voix dure, la croix du Bignan
est-elle encore droite? la chapelle de Sainte-
Anne s'ouvre-t-elle toujours aux pélerins, et
M. le recteur est-il en sûreté?

Rassuré par sa femme, il fit un geste d'insouciance et dit :

—Que les puissances de la terre s'arrangent !
Cela ne nous regarde pas.

Le dépit du comte était extrême, et il eut
de la peine à le dissimuler. Bertrand, d'après
son ordre, adressa quelques questions encore
au malade.

—Que pensez-vous, dit-il à regret, des dispositions du pays? Ne fera-t-on rien pour la
bonne cause? Tant de braves gens ne risque-
ront-ils pas quelque chose pour l'honneur de
rétablir le roi?

— L'honneur! reprit Magan avec ironie :
c'est bon à dire; mais qu'est-il revenu au pays
de tout l'honneur qu'il a gagné autrefois! Nos
maisons en feu, nos parens, nos amis égorgés
et nos corps couverts de blessures, voilà le résultat de nos glorieux combats... le pays ne l'a
pas oublié.

2.   16

— Cependant il a reçu de nombreux témoignages des bontés de ses princes. Sa Majesté a daigné se souvenir des braves qui ont combattu pour elle : ils ont obtenu des secours , des pensions , et... vous-même enfin...

— Oui , répliqua le vieux chouan avec un sourire amer , oui , c'est vrai , nous avons eu de quoi bâtir des huttes de boue et de jonc à la place où étaient nos maisons, et de quoi mettre des haillons sur nos plaies , ajouta-t-il en découvrant son bras couvert de larges cicatrices. Mais je ne me plains pas pourtant : j'aurai toujours assez si j'ai un morceau de pain noir à mettre sous la dent, jusqu'à ce que la flamme bleue descende sur mon oreiller , et je ne demande à Dieu que d'être mis dans le trou de terre auprès de l'église avec les miens ; car un drap blanc, cinq planches et un pied de terre par-dessus , voilà les vrais biens de ce monde.

— Et si la religion était attaquée , dit Bertrand , si vos prêtres étaient persécutés comme autrefois?

— Oh ! alors, répondit le Breton avec une expression sauvage , nous irions comme autrefois prendre les canons avec nos penbachs, et, si le vieux Magan peut encore soulever le bras , il espère bien que ce sera pour envoyer du plomb aux ennemis du bon Dieu, et briser leurs os afin de gagner son saint paradis.

Le comte se leva et prit congé en secouant la main du malade. Il sortit au milieu d'une haie d'enfans demi-nus qui, attirés par le bruit rapidement répandu de l'arrivée de trois seigneurs chez Magan, étaient accourus en foule à sa porte, et regardèrent les étrangers, à leur sortie, d'un air ébahi et farouche.

Le comte et Alfred marchèrent en silence côte à côte, secrètement préoccupés d'un même sentiment que Bertrand était loin de partager. Le bon vieillard les suivait à quelque distance, et regardait de temps en temps ses maîtres en soupirant et gémissant tout bas.

Lorsque le comte, de retour au logis, se crut seul avec son fils, il jeta violemment son chapeau sur la table, et dit, comme s'il achevait une phrase commencée en lui-même :

— Ces gens-là n'ont, après tout, que du sang de paysan dans les veines. Qu'avons-nous à faire de leur parler de loyauté, d'honneur, de dévouement? Leur royalisme n'a jamais été que de la superstition, qu'un grossier fanatisme, et ils feraient davantage pour épargner un rhume à leur curé que pour sauver leur roi de l'échafaud.

Cependant Alfred parvint avec des peines inouies à enrôler, dans cette partie de la Bretagne, environ quatre cents hommes. Parmi eux quelques-uns seulement s'étaient laissé persuader que la cause qu'ils allaient défendre était celle de Dieu et de leurs prêtres, et leur dévouement avait sa source dans un enthousiasme fanatique. Il se joignit à eux un bon nombre de réfractaires, de contrebandiers, et de ces hommes comme il s'en trouve partout, prêts à profiter pour eux-mêmes de toute occasion de pillage et de violence. Ils étaient disséminés dans divers villages du Morbihan. Alfred fit plusieurs tournées pour leur donner le mot d'ordre et pour les disposer à entrer en campagne à la première occasion. Son père, obligé de se dérober à la surveillance des agens du gouvernement, avait choisi pour asile le château d'un de ses amis situé sur la lisière du bois de Camors.

Ce château, isolé de toute autre habitation, dominait un vallon arrosé par un affluent de la rivière d'Auray, et se trouvait à une distance presque égale de cette rivière et de la route de Josselin à Lorient : il était composé de plusieurs corps de bâtimens qui menaçaient ruine, et d'une tour dont la construction, beaucoup plus ancienne, datait des temps féodaux, et était connue dans le pays sous le nom de la tour de Kerlan. Depuis plusieurs années ce manoir n'était habité que par un vieux concierge et sa famille. Le comte de Kérolais y vécut seul avec eux et Bertrand, pendant l'absence de son fils. Il logeait dans la tour gothique, d'où les regards plongeaient d'un côté sur la gorge étroite qu'elle dominait et qui servait de défense au château; des trois autres côtés la vue était circonscrite par la forêt de Camors. Celle-ci était à quatre lieues environ de l'Océan, et, lorsque le vent de mer s'élevait, il mugissait sous le feuillage avec un bruit qui disposait l'ame à s'ouvrir aux croyances superstitieuses de la vieille terre druidique.

Un soir des derniers jours d'août, le comte était seul dans sa chambre, son fidèle Bertrand venait de lui remettre sa correspondance et s'était retiré après avoir allumé l'unique lampe qui éclairait l'appartement : la chaleur était accablante, quoique la nuit fût déjà tombée, et la fenêtre était ouverte. Le vent, en pénétrant dans la chambre, agitait de vieux pans de tapisserie où l'on voyait d'anciens personnages représentés avec le costume de l'époque; la forêt gémissait sourdement, et ce bruit n'était interrompu que par le cri plaintif de quelques

chouettes qui se répondaient dans le lointain.
Le comte avait une ame ferme et aguerrie contre la superstition ; mais il cédait alors malgré
lui à l'influence des objets dont il était envi-
ronné. Il se promenait rêveur, décachetant
lentement ses lettres, et méditant les paroles
du vieux chouan qu'il avait vu quelques jours
auparavant sur son lit de douleur. Qui sait ,
pensait-il, si cet homme ignorant n'est pas plus
sensé que tant d'esprits forts? qui sait s'il n'y a
pas, en effet, une communication invisible entre
ce monde et celui des esprits qu'à chaque heure
il croit entendre? Pourquoi Dieu ne permet-
trait-il point à ceux qui ne sont plus de visiter
leurs frères souffrans, et de les consoler en leur
parlant d'un monde meilleur? Car il n'y a que
misère ici-bas. Où tendent, grand Dieu, tous
les efforts des hommes? quel est le but de tant
d'agitations et de fatigues? Il a raison ce paysan,
un drap blanc, cinq planches, un pied de terre
par-dessus, voilà les biens réels de ce monde.
Pourquoi donc se tourmenter sans relâche , et
courir après des ombres ?... Ah ! je ne demande
rien à la fortune, moi ; c'est un but plus noble
qui m'anime.... C'est l'honneur, le devoir....
Tout à coup le comte vit la porte de la chambre
s'ouvrir et un homme entrer dans l'appartement : sa taille était haute, il portait un ample

vêtement de couleur sombre, et tenait à la main
un bâton à tête recourbée suivant l'usage du
pays. Ses cheveux blancs comme la neige retombaient en longues boucles sur ses épaules,
et son visage sévère annonçait une vieillesse
énergique et vénérable. C'était lui que Christophe avait rencontré sept années auparavant
sur les bords de la Loire , c'était le Voyant de
Grand-Lieu. Le comte tressaillit à sa vue , et,
frissonnant involontairement : « Qui êtes-vous?
dit-il. »

— Comte de Kérolais, répondit le vieillard
d'un ton calme et triste, je viens vous parler
en ami ; nous nous sommes déja vus , regardez-
moi.

Le comte, après l'avoir attentivement examiné , fit une exclamation de surprise.

—Comte, reprit l'étranger, avez-vous oublié
la lande de Carnac?

—Non ; mais celui que j'ai rencontré là ,
dans une nuit mémorable, celui que vos traits
me rappèlent n'était plus jeune alors : ses cheveux étaient déjà blancs , et il doit être dans le
tombeau ; car plus de trente ans se sont écoulés
depuis ce jour.

— C'est moi, dit l'étranger ; je vous ai
promis que vous me verriez encore une fois
avant de mourir , me voici.

— Et qui êtes-vous donc, vous sur qui le temps semble n'avoir aucune puissance?

— Qu'importe mon nom? il est inutile pour vous convaincre de la vérité de mes paroles. Recueillez vos souvenirs : vous ne m'avez point écouté dans cette nuit terrible où nous nous sommes rencontrés : mais trois jours plus tard qu'est-il advenu?

— Quiberon ! Quiberon ! répondit le comte en se frappant le front à ce souvenir fatal. Prophète de malheur, que venez-vous m'annoncer?

— Je viens aujourd'hui comme alors vous supplier au nom de la patrie. Comte de Kérolais, malheur à vous si je vous parle en vain ! Laissez votre épée dans le fourreau : immolez votre intérêt à celui de la France.

— Vous vous trompez, vieillard, si vous croyez que mon intérêt inspire mes actes. Que m'est-il revenu de tant de sacrifices, et que puis-je espérer de l'avenir pour moi-même? J'obéis à un motif plus noble, plus généreux : mon ame est fermée à l'ambition et à la cupidité.

— Mais non à l'orgueil, homme inflexible ; c'est l'orgueil, c'est cette passion implacable qui vous égare, qui a inondé ce pays de sang humain ; c'est l'orgueil qui vous domine à

votre insu, qui se transforme à vos yeux en
dévouement, et qui ferme votre ame à l'intelligence des décrets de la providence divine.

— Qu'osez-vous dire ? la providence aurait-
elle voulu le triomphe de ceux qui la nient ?
Vous condamnez l'orgueil des miens, en ont-
ils moins ceux qui s'applaudissent de nous
avoir vaincus ? Sondez leur cœur, et vous y
trouverez, outre l'orgueil, une envie haineuse,
une cupidité féroce. N'avez-vous donc point
d'oreille pour entendre les cris sauvages de
cette meute âpre à la curée de nos dépouilles,
altérée d'or, d'emplois et d'honneurs ? Ah ! si
l'élévation de ces hommes était dans l'ordre
des décrets du ciel, ce serait alors qu'il faudrait
nier la providence ou la maudire.

— Comte, ne parlez pas ainsi et rentrez-en
vous même. Que sont les avantages temporels
de quelques hommes devant celui qui soumet
tout sur la terre aux intérêts généraux de l'humanité ? Non, ce n'est pas pour ceux qui s'exal-
tent eux-mêmes dans leur pensée à la vue des
faits accomplis, ce n'est pas pour ceux-là que
le soc des révolutions a creusé quarante années
le sol de la France. Sans doute des passions
égoïstes animent tous les partis ; mais elles sont,
pour l'Eternel, des instrumens aveugles de
ses desseins. Plus ces instrumens sont fragiles

et méprisables, plus se manifeste la sagesse et la force de celui qui les emploie, et, plus, dans le bien qui s'accomplit, éclate la grandeur de Dieu.

— Et quel bien peut naître d'une révolution exécrable?

— Si quelques-uns ont perdu par elle, reprit l'étranger, le grand nombre a beaucoup gagné : car il importe au grand nombre qu'un caprice despotique ne puisse enlever au père son enfant, au laboureur le fruit de ses peines, au citoyen sa liberté, au fidèle son culte; il importe au grand nombre qu'un champ libre soit ouvert à l'industrie, au travail, au mérite; que la loi soit souveraine, et qu'il n'y ait pas deux poids et deux mesures pour les châtimens et les récompenses. Voilà les fruits de la révolution, voilà ses conquêtes qui naguère étaient compromises, que vous avez menacées pendant quinze ans, et que l'œuvre des trois jours a sauvées.

— Ah! l'œuvre de ces trois jours est une œuvre maudite, et celui qui s'est élevé par la révolte tombera par elle : il sent déjà sa faiblesse, il est réduit à ouvrir son palais à de vils manans, à secouer de sa main de prince la main de ceux dont les pères étaient vendus par les nôtres comme des troupeaux; il se dégrade au milieu d'eux, et le roi qui s'avilit n'est pas roi long-temps.

— Non, dit le vieillard, la main royale ne s'avilit pas en touchant celle que le travail honore. Celui dont vous méconnaissez la haute mission puise sa force dans cette étreinte, il donne un grand exemple, et ne quittera point le chêne robuste qui l'a porté dans ses rameaux pour un vieux tronc déraciné. Vous ne pouvez rien contre lui : laissez donc, laissez votre épée dans le fourreau ; car en vérité, je vous le dis : l'Eternel a étendu sa droite sur cet homme, le bouclier du Dieu fort protège sa poitrine.

— Tais-toi, audacieux vieillard, insensé démagogue ! dit le comte avec un geste furieux ; tais-toi et va-t'en !

— Un mot, encore un mot ; car, malgré votre haine, je vous plains et je vous honore : votre ame est grande et généreuse, un seul germe empoisonné s'y confond à celui de toutes les vertus. Oh ! pourquoi, sur le bord de votre tombeau, les passions terrestres creusent-elles encore votre front chauve ? Vous qui vous dites chrétien, vous qui fléchissez le genou dans les temples, donnez à Dieu vos pensées, soumettez-vous à ses décrets ; que vous et ceux qui sont les premiers en France par le nom s'y montrent les premiers encore par le respect des lois : c'est ainsi qu'ils reprendront la place qui leur est due ; car la France n'a point renié ses anciennes gloires. Pour la dernière fois, comte de Kérolais, prêtez l'oreille à mes paroles, ayez compassion de cette terre inondée de tant de sang ; voyez vos semblables, vos frères, dans les hommes que vous méprisez, et souffrez le pouvoir aux mains où Dieu l'a remis.

— J'entends : c'est la révolte que vous voulez que je soutienne ; c'est l'égalité des hommes que vous voulez que je reconnaisse ; c'est ce principe exécrable et destructeur, cette doctrine d'où sont sortis l'athéisme et le régicide!.. Jamais, jamais! point de pacte avec les ennemis de mon roi et de mon Dieu! Vos conseils sont impies, et si mon fils même les écoutait, je le renierais pour mon sang.

— Et sacrifieriez-vous aussi les jours de cet enfant ?

Cette parole, prononcée par l'étranger d'un ton profondément expressif et triste, dompta tout à coup la colère du vieux gentilhomme. L'orgueil du comte fit silence : le cœur du père s'émut et s'attendrit.

— Quoi! que dites-vous? Sacrifier mon fils! Est-ce une menace? est-ce une prédiction?... Ah! ne m'infligez pas cette horrible angoisse!

Hélas! je n'ai plus d'intérêt sur la terre! Je n'ai jamais rien demandé aux hommes : je ne possède aucun des biens qu'ils estiment plus que la vie. Mais je suis père : j'ai un fils, j'ai des enfans, de chers enfans; je les aime comme un père peut aimer : ils sont tout pour moi. Mon Dieu! épargne ma vieillesse! épargne mes enfans!.... Et vous qui exercez sur mon ame un empire qu'aucun homme n'a jamais eu, vous qui m'épouvantez, êtes-vous un être mortel comme moi-même, ou seriez-vous un de ces esprits que le peuple de ces contrées croit voir souvent à son chevet ou sur ses tombeaux?

— Je n'ai pas mission de vous apprendre qui je suis. Mais dites : sacrifieriez-vous votre fils plutôt que de renoncer à votre passion insensée?

— A mon devoir, à l'honneur?

— Répondez à mes paroles et n'hésitez pas.

— Il y eut alors entre les deux vieillards un silence plein de terreur; enfin le comte dit d'une voix sourde, et avec une indéfinissable expression de douleur :

— Quand Dieu m'a donné un fils, je lui ai demandé la force de le guider dans le chemin de l'honneur, et maintenant, plutôt que de manquer à un devoir sacré.... plutôt que de voir mon fils y manquer lui-même.... oui, je le crois…. je dirais… Seigneur, reprenez mon enfant !

— Adieu, comte de Kérolais !

Et l'étranger fit un pas pour s'éloigner ; mais le comte, égaré par un transport douloureux, s'élança vers lui :

— Arrête ! dit-il : ne crois pas m'échapper. Je veux savoir qui tu es, ce que j'ai à redouter de tes paroles ou de toi.

Au même instant la vieille tour trembla dans ses fondemens, et un coup de vent furieux éteignit la lumière. Un cri d'angoisse, un cri affreux partit de la chambre du comte; Bertrand accourut et trouva son maître seul, étendu sans connaissance sur le carreau.

IV

La Double alarme.

Paris était encore dans l'enivrement de la victoire, et ceux qui n'y avaient point contribué se montraient les plus ardens à en recueillir les fruits. Dans les premiers jours, lorsque la commission municipale était encore en fonctions, Christophe se rendit un matin à l'Hôtel-de-Ville, où sa présence était réclamée. Une foule nombreuse de pétitionnaires assiégeaient les avenues de la salle des délibérations, et dans la

pièce voisine Christophe rencontra plusieurs
personnages fort honorables, dont l'élévation
toute récente à de hautes fonctions récompen-
sait le mérite et le dévouement à la cause populaire : mais parmi ceux qui paraissaient jouir
en ce lieu de beaucoup d'influence, il vit avec
surprise Adolphe Ledoux, qu'il croyait encore
malade, et qu'il n'avait rencontré nulle part
dans les trois jours : il le félicita de son heureux rétablissement. Adolphe avait mis le temps
à profit depuis sa guérison, et il était déjà
pourvu d'un emploi considérable : il blàma
son confrère, qui s'était, disait-il, endormi
après la victoire, et lui offrit ses bons offices.
Christophe, en effet, indépendant par sa fortune et honoré pour son talent, ne croyait
point pouvoir s'élever plus haut dans l'estime
du monde en acceptant un emploi, quelque
brillant qu'il fût : aussi avait-il montré peu
d'empressement à faire valoir ses titres, et
s'était-il détourné avec dégoût du torrent des
solliciteurs. En écoutant son confrère, il ne
put réprimer un mouvement dédaigneux : il
lui tourna le dos, et se trouva face à face avec
le baron Plumet. Celui-ci rougit d'abord un
peu en le reconnaissant; mais il eut bientôt
pris son parti, et, venant droit à Christophe,
il lui prit les mains d'un air affectueux et pro-

clama hautement les prouesses de son jeune ami, non sans donner quelque blâme à son impétueuse témérité, qui, selon lui, aurait pu compromettre le succès : Christophe, disait-il, n'avait échappé que par miracle à une mort certaine, il avait follement risqué une vie précieuse à la patrie; tandis que lui se flattait d'avoir aussi bien servi son pays, en usant toutefois d'un peu plus de prudence.

Christophe apprit alors que le baron s'attribuait l'honneur d'avoir rendu le troisième jour un important service par une habile négociation. M. Plumet ne manquait point d'excellens témoignages à l'appui de ses prétentions : plusieurs bouches le portaient aux nues, et Christophe en croyait à peine ses oreilles, quand le baron lui dit en souriant et en se rengorgeant :

« Je vous l'avais bien dit, moi, que j'étais des vôtres, et que je ne demandais pas mieux que de vaincre! »

Il était heureux pour lui que Pierre Renaud ne fût pas là en cet instant; car sa parole rude et inflexible eût donné un terrible échec à la vanité du baron. Pendant que les ambitieux se pressaient sur le seuil de l'Hôtel-de-Ville et du Palais-Royal, Renaud marchait à la tête du peuple sur Rambouillet. Il avait cependant adressé une demande personnelle au nouveau

2.   17

Gouvernement, mais toujours en vue de l'intérêt général. Partageant les craintes sérieuses d'un grand nombre sur les dispositions des esprits en Vendée, et surtout dans la partie de la Bretagne voisine de la route que Charles X allait probablement suivre avant de s'embarquer, il s'offrit pour contenir la population des départemens suspects, et demanda d'être investi des pouvoirs nécessaires. Christophe en informa le baron : celui-ci avait de bons motifs pour éloigner Renaud ou pour acheter son silence au prix d'un service : aussi, promit-il d'appuyer avec chaleur cette pétition auprès d'un de ses amis, membre du gouvernement provisoire. Il lui écrivit sur-le-champ et, lorsqu'il eut reçu la réponse, il vint trouver Christophe, et lui apprit d'un air radieux, que, suivant toute apparence, il serait fait droit à la demande de son oncle :

« Je me flatte, dit-il, que je n'aurai pas nui au succès, et vous pouvez me rendre à cet égard bon témoignage. Il faut convenir qu'il n'a pas été gracieux pour moi, le cher oncle, il y a quelques jours, et d'autres, à ma place, lui garderaient rancune ; mais il faut pardonner quelque chose à l'exaltation du combat. Jamais, j'en suis sûr, il n'aurait parlé ainsi de sang froid ; d'ailleurs nous sommes vieux amis, et

Renaud est un trop brave homme, quoiqu'un peu brutal, pour que je ne saisisse avec empressement toute occasion de l'obliger. »

Cela dit, il remit à Christophe le billet qui annonçait la nomination probable de Renaud, et tourna les talons sans attendre de réponse : Sauval eut hâte de rejoindre son oncle et lui apprit qu'il serait nommé.

« On fera bien, dit froidement l'ex-conventionnel, je t'avoue que cette mission en Bretagne me réjouit le cœur. Je finirai donc ma carrière comme je l'ai commencée; et, je m'en flatte, ce ne sera pas sans fruit pour la liberté.

Il attendit sa nomination huit ou dix jours, et aussitôt qu'il l'eut reçue :

« Adieu, mon neveu, dit-il à Christophe, je pars, et je laisse derrière moi bon nombre de gens qui, j'en réponds, ne demanderont pas mieux que de me couper l'herbe sous le pied et de récolter où j'aurai semé : aie l'œil sur eux; car j'ai cette entreprise à cœur, et je la veux conduire à bonne fin. Tu peux compter que je ne m'endormirai point là-bas; et je viens d'apprendre une chose qui suffirait pour me tenir éveillé. Ce vieux diable incarné de Kérolais se dispose, dit-on, à faire des siennes de ce côté-là : il aura bientôt à qui parler. »

Christophe frémit en écoutant ces paroles ;
car c'était en humiliant le comte à son tour
qu'il avait à cœur de se venger de lui; ce n'était
pas en lui donnant l'orgueilleuse satisfaction
de se croire un martyr dans sa cause : il tremblait en outre qu'une catastrophe sanglante ne
mît un obstacle de plus, un obstacle éternel
entre Alice et lui ; le comte, en un mot, lui
paraissait plus redoutable mort que vivant. Il
tenta donc d'inspirer quelque modération à
son oncle ; mais Pierre Renaud ne lui permit
pas d'achever, et, regardant son neveu de
travers :

« Quoi ! dit-il, n'es-tu pas guéri de ta
folie ? Et n'as-tu vaincu avec le peuple que
pour donner de nouveau à un aristocrate le
droit de t'accabler de son mépris ? Et je verrais
encore pareille chose ? Non, morbleu ! Si je
t'ai pardonné l'humiliation que cet homme t'a
fait subir en ma présence , c'est qu'à mes yeux
ta belle conduite dans nos trois immortelles
journées a lavé ton opprobre : tu t'es montré
digne de moi et je ne souffrirai point que tu
déroges; je ne permettrai pas que ce comte
enragé triomphe encore de moi dans ta personne... J'y mettrai bon ordre, mon neveu,
et nous taillerons dans le vif pour te guérir. »

— Qu'entendez-vous par-là, mon oncle?

dit Christophe, effrayé de son accent et de son geste.

. — J'entends par-là, mon neveu, qu'il me tuera ou que je le tuerai.

Le ton sec et glacial dont ces paroles furent dites, fit comprendre à Christophe que toute remontrance serait inutile, et il prit congé de son oncle. Le lendemain, l'indomptable vieillard, muni des pouvoirs de commissaire extraordinaire du gouvernement, partit pour la Bretagne, dont le comte, son mortel ennemi, avait déjà pris le chemin.

Christophe, malgré tous ses efforts, ne put revoir Alice avant le départ de madame d'Orgeval pour la Normandie; mais, quinze jours après, il reçut une lettre timbrée de Caen, et tressaillit en reconnaissant l'écriture d'Alice.

Elle l'implorait pour son père : elle savait que le comte s'exposait aux plus grands périls, et que Pierre Renaud était, en Bretagne, son plus puissant et plus implacable ennemi; elle conjurait Christophe d'employer son crédit sur son oncle en faveur des siens, car elle tremblait pour les jours de son père et d'Alfred. Elle donnait de tristes détails sur sa propre situation au château de Grandmesnil, où elle était en butte à de douloureuses persécutions. En effet, depuis la révolution de juillet, l'animosité de sa tante contre Christophe était devenue une véritable frénésie; la pensée que sa nièce eût songé à s'unir à lui l'exaspérait, et elle soutenait hautement les prétentions nouvellement élevées à sa main par son fils le colonel Edmond, qui, après avoir donné sa démission, avait rejoint sa mère. Cet officier, récemment revenu de Morée, et dont nous avons esquissé dans le premier volume de cette histoire un portrait ressemblant et très-peu flatteur, conçut un vif ressentiment du refus de sa cousine. Il était humilié qu'elle lui préférât un homme sans naissance : son amour-propre blessé le rendit furieux et transforma en violence brutale sa rudesse habituelle : il se persuada que la passion d'Alice était un intolérable affront pour lui et pour les siens ; et il inspira un tel effroi à sa cousine, qu'elle le jugea capable de se porter envers elle à des procédés deshonnêtes et outrageans pour la contraindre à l'épouser, et pour assurer, selon lui, l'honneur de la famille.

Alice, sans oser s'expliquer clairement à ce sujet dans sa lettre à Christophe, donnait cependant à entendre qu'elle avait à se plaindre de la baronne et de son fils; elle regrettait amèrement l'absence de sa sœur, l'éloignement de son père dont elle ignorait la retraite, et l'impossibilité de trouver un asile ailleurs que sous le toit de sa tante. « Mais enfin, disait-elle, qu'importe ce que je souffre, Christophe, puisque chaque persécution que j'ai à repousser reporte ma pensée vers toi avec une plus vive tendresse : en vain l'on essaye de te noircir à mes yeux, et l'on t'impute à crime la part que tu as prise dans la catastrophe des trois jours... Je sais, et cela me suffit, que tu n'as fait que ce que tu as cru devoir faire, et que toi aussi, tu as pris conseil de ta conscience. Dans mon malheur du moins il m'est doux de penser que tu as acquis le droit et le pouvoir de protéger mon père... Défends-le, mon ami, ô veille sur sa tête sacrée et sur celle de mon frère : sauve-les tous deux. Hélas, mon cœur est rempli d'angoisse et d'amertume : je tremble, cher ami, que tu n'abandonnes le tien maintenant à de téméraires espérances, et je conçois trop bien tout ce qu'il y a d'affreux dans certaines déceptions, pour que je ne veuille, à tout prix, t'en épargner la douleur.

» Ecoute-moi, Christophe : tu sais si je chéris, si j'adore mon père, et je te dirai ce que je n'oserais dire à aucun autre qu'à toi : tu le sauveras, et tu ne fléchiras point sa colère, car la protection même dont tu le couvriras lui paraîtra une insulte. Je le connais, et il aimerait mieux aujourd'hui voir sa fille marcher à la mort qu'à l'autel avec toi. Espérons en Dieu, mon ami, et confondons nos ames dans une même prière. Un temps meilleur viendra peut-être; car mon père m'aime : il m'aime tendrement, Christophe, et qui sait ce qu'un jour sa tendresse lui suggèrera? Jusque-là, mon doux ami, prenons patience; aimons-nous de cœur. . soyons heureux par la pensée de notre amour. Oh! que ne puis-je t'exprimer tout ce que je sens!... Christophe, tu es mon bien... tu es ma vie... Que cette assurance te soit chère et te console! »

Cette lettre excita un violent orage dans le cœur de Christophe : son imagination s'enflamma; il interpréta de la manière la plus funeste les termes mesurés d'Alice au sujet du colonel Edmond. Il avait donc un rival! et ce rival l'outrageait lui-même chaque jour impunément! Partir et le provoquer fut sa première pensée; mais, s'il succombait dans la lutte, il livrait Alice sans défense à son ennemi. Il dompta sa colère, ajourna sa vengeance, et résolut de mettre d'abord Alice en lieu sûr, à l'abri d'odieuses persécutions.

— Des chevaux! des chevaux! s'écria-t-il : dans une heure je pars.

Il relut avec douleur la touchante prière
d'Alice en faveur de ses proches; car il connaissait Renaud, et craignait d'irriter le vieux
patriote en cherchant à l'apaiser. Il lui écrivit
cependant, selon le vœu d'Alice; puis il sortit,
jeta lui-même sa lettre à la poste, fit, en toute
hâte, quelques préparatifs de départ, et trouva,
en rentrant pour monter en voiture, Maxime
sur le seuil de sa porte. Quand celui-ci apprit que son cousin allait suivre la route de
Caen, il le regarda d'une manière étrange, et,
lorsqu'il lui souhaita un heureux voyage, Christophe fut frappé de l'expression de sa physionomie et du ton sardonique de ses paroles.
Maxime, en effet, ne doutait point que Sauval
n'allât rejoindre Alice, et il riait tout bas
de ses téméraires espérances; car il savait trop
bien que la destinée de son parent était entre
ses mains, et que la résistance d'un père aux
vœux de Christophe n'était qu'un faible obstacle auprès de l'effrayante découverte dont il
avait pénétré le secret en brisant le cachet du
vieux prêtre.

V

———

ALICE n'attendit pas long-temps la réponse
de Christophe. En la recevant, elle y reconnut, avec un mélange d'étonnement, de crainte
et de joie, le timbre de la ville voisine. Christophe s'empressait de la rassurer au sujet de
son père. Il avait, disait-il, écrit à Pierre
Renaud en sa faveur : d'ailleurs la Bretagne
était tranquille, et rien n'annonçait que M. de
Kérolais eût pris les armes. Il s'exprimait en-

suite en termes violens sur le compte d'Edmond, et suppliait Alice, dans l'intérêt de
sa famille et dans le sien propre, de lui accorder le lendemain, à huit heures du soir
un entretien à l'une des grilles du parc qu'il
indiqua.

Alice frémit à la seule pensée d'une rencontre possible entre Christophe et son cousin, et,
pour prévenir un si grand malheur, elle prit
le seul parti qu'elle eût à prendre, elle résolut
de se présenter au rendez-vous.

Si madame d'Orgeval et son fils s'étaient
donné le mot, le jour même, pour la pousser
le lendemain à un acte de désespoir, ils n'auraient pu mieux réussir : jamais, en effet l'humeur de la première n'avait été plus irritable
et la conduite du second plus révoltante. Un
désappointement cruel avait puissamment contribué la veille à aigrir la baronne : cette vénérable dame ne cessait de répéter depuis
quinze jours que jamais le roi Charles X ne
sortirait du royaume, que toute la Bretagne et
la fidèle Vendée allaient se lever en sa faveur,
qu'il serait en six semaines de retour à Paris,
et qu'au besoin les Prussiens lui viendraient en
aide. Que l'on juge de son dépit et de sa douleur, lorsqu'elle apprit un matin l'embarquement de la famille royale et la reconnaissance

du nouveau gouvernement par le roi de Prusse. Elle entra dans une violente colère et apostropha durement Alice, qui, à cette terrible nouvelle n'avait point perdu son sang-froid.

La bonne dame cria et s'agita de telle sorte, qu'elle fut prise dans l'après midi d'un violent mal de gorge avec accompagnement de fièvre. Elle se mit au lit : il fallut faire venir le médecin en toute hâte, et François fut envoyé à la ville pour ramener le docteur en char-à-banc. Il y avait à Caen, ce jour-là, grande revue de la garde nationale; le docteur y avait figuré comme tout le monde, et le malheur voulut qu'il fût encore en uniforme lorsqu'il rencontra le char-à-banc. François impatient de revenir, exagéra l'état de la baronne : le docteur craignant de perdre un temps précieux en rentrant chez lui pour changer de costume, sauta en uniforme dans la voiture, et se présenta au château avec l'habit que madame d'Orgeval détestait souverainement comme le symbole de l'égalité républicaine.

Aussitôt qu'elle aperçut le pauvre docteur :

« Qu'est cela? dit-elle? en le repoussant de la main? Quoi, monsieur! vous osez vous présenter chez moi équippé de la sorte! »

Le docteur stupéfait se confondit en excuses et commençait à promener ses regards sur les diverses parties de son costume, comme s'il eût craint d'avoir commis quelque inadvertance :

« Allez, monsieur, dit la baronne courroucée, rapportez chez vous toute cette friperie, ou pavanez-vous devant vos boutiquiers, si bon vous semble ; je n'ai que faire de vos services. »

— En effet, madame, répondit le docteur qui comprenait enfin de quoi il était question, le secours de mon art vous serait inutile, car votre mal me paraît incurable.

Il tourna le dos et disparut, laissant la baronne exaspérée.

Cette scène était peu propre à diminuer sa souffrance. Un mauvais chirurgien de village fut appelé, et madame d'Orgeval, après avoir suivi ses prescriptions, se sentit un peu plus mal qu'auparavant. Alice exprima doucement le regret que sa tante, avant de congédier l'autre médecin, ne lui eût pas donné le temps de prescrire un remède :

— Vous êtes une sotte, ma nièce, reprit sèchement la baronne : son habit seul a redoublé ma fièvre, et j'aimerais mieux n'être jamais guérie que de l'être par un jacobin.

Alice crut que sa présence irritait sa tante ; elle sortit et descendit au salon. A peine y était-elle entrée qu'elle entendit dans le corridor le pas de son cousin, absent de la veille. Elle voulut s'esquiver avant qu'il n'arrivât. Edmond trouva en entrant sa cousine debout près de la porte; il devina son projet, et en prit occasion de lui parler en termes désobligeans. Elle fut révoltée de son impertinence, et lui reprocha de n'avoir avec elle ni le langage ni les manières d'un gentilhomme. Il répondit avec humeur qu'il n'appartenait point à sa cousine de parler ainsi, puisqu'elle préférait à un homme bien né un homme du commun. Outrée à ce dernier mot, elle fondit en larmes et dit :

— Vous m'insultez, monsieur, vous devriez rougir.

— C'est à vous, dit-il brusquement, c'est à vous de rougir de la bassesse de vos sentimens: vous avez besoin d'une bonne leçon, et on vous la donnera tôt ou tard.

Il s'avança en même temps vers elle avec un regard qui la fit frissonner. Elle ouvrit la porte et courut s'enfermer dans sa chambre.

Le lendemain matin Alice se rendit auprès de sa tante qu'elle trouva encore très-souffrante et se plaignit des procédés de son cousin. Madame d'Orgeval ne plaisantait point sur semblable matière; elle fit venir son fils et l'interrogea sévèrement.

Il nia tous ses torts et prétendit qu'Alice ne l'accusait que parce qu'il s'était permis de

parler irrévérencieusement de M. Sauval en sa
présence. Ce nom qui réveillait dans l'esprit de
la baronne les souvenirs les plus amers, pro-
duisit sur elle l'effet accoutumé ; elle prit soudain, sans autre information, le parti de son fils.
Alice le calomniait, dit-elle, afin de trouver un
prétexte pour refuser sa main, et pour se jeter
à corps perdu dans une voie perverse : puis elle
répandit jusqu'à extinction de voix un torrent
d'invectives contre Christophe.

—Madame, dit Alice interrompant sa tante,
ô madame... de grace... pas devant moi !

— Mais voyez donc cette petite fille, dit
madame d'Orgeval transportée de colère... elle
m'impose silence, je crois ; et voilà le prix de
mes bontés pour elle ! Votre père vous a gâtée,
mademoiselle, et il est fâcheux qu'il ne soit pas
là pour vous recevoir ; car je serais bientôt dé-
barrassée de votre personne.

— Madame, dit Alice suffoquée par l'indignation et par la douleur, je voudrais pouvoir vous délivrer sur-le-champ de ma présence, oui, je vous le jure, si je trouvais un
honnête asile chez le plus pauvre paysan, je
m'y réfugierais à l'instant même plutôt que
de souffrir encore ce que je souffre...

Elle sortit, tout en larmes, et passa la journée dans une agitation cruelle, préoccupée,

tantôt de la crainte d'un duel entre Edmond et Christophe, tantôt de ses propres périls et de la vague pensée de fuir une maison où elle était exposée sans défense à des poursuites dangereuses et à un martyre de tous les instans.

Telles étaient encore les dispositions de son esprit, lorsqu'à l'heure indiquée elle se rendit à la grille où Christophe l'attendait. Il proféra d'affreuses menaces contre Edmond; et rappelant quelques mots échappés à Alice dans sa lettre, et le vœu qu'elle avait formé de trouver ailleurs asile et protection, il ajouta :

« Ce vœu est exaucé : j'ai trouvé pour toi, au sein d'une famille honnête, un asile, un refuge inviolable; il faut l'accepter. »

Et comme Alice ne répondait pas : « Accepte, répéta-t-il, ou je cours à l'instant provoquer ton persécuteur, et te délivrer, au péril de ma vie, d'une lâche et infame poursuite. »

Sa parole était brève, ses yeux enflammés; tous ses gestes annonçaient une violente colère qui tomba cependant au premier mot d'Alice.

Christophe, lui dit-elle d'une voix sérieuse et tendre.... écoutez.... promettez-moi, sur l'honneur, que vous renoncerez à toute vengeance, au dessein de provoquer Edmond si j'abandonne le toit qu'il habite.

Un rapide éclair de bonheur brilla dans les yeux de Christophe; mais il contint sa joie.

— Alice, répondit-il, je te le jure : oui, j'épargnerai cet homme, aussi long-temps du moins que tu n'auras rien à redouter de lui.

— Eh bien, dit Alice, en posant sa main sur le bras de Sauval, puisque je ne puis attendre de secours d'aucun de mes proches, je crois pouvoir sans crime accepter ailleurs un asile : dites, Christophe, quel est celui que vous m'offrez ?

Christophe lui nomma une famille d'honnêtes cultivateurs, habitant une ferme, dans un endroit retiré, à quelques lieues de Caen. Il dit leur avoir annoncé Alice comme sa sœur : elle vivrait avec eux en sécurité, à l'abri de toute persécution, jusqu'à ce que les événemens lui permissent de se réunir à son père.

— Christophe, répondit-elle avec une expression adorable et pleine de noblesse, je me fie à vous, et, si vous étiez capable d'abuser de ma confiance, vous ne seriez pas celui à qui j'ai dit : Je ne quitterai mon nom que pour prendre le tien ; oui, Christophe, je me fierai à toi.

Il fut alors convenu entre eux que le jour suivant, au même lieu, à la même heure, une voiture recevrait Alice.

Elle rentra au château plus agitée encore que lorsqu'elle en était sortie, et veilla toute la nuit : elle écrivit une lettre adressée à sa tante et que celle-ci devait trouver, le lendemain, sur la table de sa nièce.

« Vous m'avez chassée, madame, disait Alice, une famille honnête et amie m'offre un asile, je l'accepte ; je trouverai sous son toit la protection qui m'a été refusée sous le vôtre, et j'y resterai jusqu'au moment ardemment souhaité, où, instruite de la retraite de mon père, j'affronterai tout pour me réunir à lui. »

Alice traça aussi, pour madame d'Orfeuil, quelques lignes qui peignaient le trouble de son ame en cet instant critique. Le lendemain elle refusa de descendre et passa toute la journée dans sa chambre. Vers le soir son émotion redoubla, et elle ajouta les mots suivans à la lettre qu'elle écrivait à sa sœur.

« Le moment approche... mon cœur bat avec violence.... Suis-je donc coupable d'accepter l'appui d'un homme que j'honore, par l'effroi que m'en inspire un autre sans délicatesse et sans mœurs, et dans l'intention de prévenir un malheur affreux, une catastrophe sanglante ?...

Ah ! Dieu sait, ma sœur, que je n'ai en vue que
d'être bientôt dans les bras de mon père. Christophe peut hâter cette réunion tant désirée, et
il le fera.... Oh ! j'en suis sûre, tu le juges comme
moi : tu te confierais à lui comme je le fais dans
l'innocence et la pureté de mon ame !... Non,
je ne suis pas coupable... ma conscience est
calme... D'où vient donc que je me sens prête
à défaillir et que mes genoux fléchissent ? Pourquoi cette terreur ? O mon Dieu, soutenez-moi,
secourez-moi. »

Lorsque Alice entendit sonner neuf heures
elle descendit sans bruit, et traversa le parc,
toute tremblante et la rougeur au front, quoiqu'elle portàt en elle-même l'intime conviction
de son innocence.

Christophe la fit monter dans une chaise
avant même qu'elle eût recueilli ses pensées,
et se plaça en silence à côté d'elle : la voiture
partit rapidement. Ils prononcèrent peu de
mots en chemin. Alice apprit avec satisfaction
que la ferme où elle allait se rendre était dépen-
dante du village de Gray près Courseulles ;
elle connaissait ce lieu que le souvenir de la
bonne *Marie* lui avait rendu cher : elle apprit
aussi qu'elle ne serait point seule avec les habitans de la ferme, et qu'elle aurait pour compa-

gne de sa retraite une pauvre femme malade dont ils disaient beaucoup de bien. Christophe s'engagea de la manière la plus solennelle à ne rien négliger pour connaître l'asile du comte de Kérolais, et promit de transmettre sur-le-champ à sa fille tous les renseignemens qu'il aurait obtenus.

Au bout de deux heures la voiture s'arrêta. Quelques pas restaient à franchir jusqu'à la ferme ; les voyageurs descendirent, et Christophe, soutenant Alice, s'avança seul avec elle vers la maison où elle devait trouver un refuge. La fermière vint au-devant d'eux et reçut cordialement Alice comme la sœur de Christophe qui, lui-même, avait pris un nom supposé, en donnant à entendre qu'il était obligé de se cacher et de fuir pour des motifs politiques. Il avait l'air sombre et distrait. Après un quart-d'heure d'entretien, Alice le prit à part, et lui dit avec douceur et dignité :

— Christophe, je me suis fiée à toi : c'est te dire qu'aussi long-temps que j'habiterai cette retraite tu n'y dois point mettre le pied ; et je compte que tu n'en approcheras point.

Il répondit en prenant la main d'Alice qu'il porta vivement à ses lèvres ; il la baisa plusieurs fois avec ardeur : « Adieu ! adieu ! » dit-il ; et il s'éloigna brusquement.

Alice, aussitôt après le départ de Christophe, tomba dans un accablement profond ; elle promena des yeux égarés sur l'honnête famille qui l'entourait et qui lui était étrangère : puis elle s'assit tristement auprès du foyer, et ses larmes coulèrent en abondance.

La fermière, bonne paysanne, joufflue et réjouie, entreprit de la consoler avec plus de bienveillance que d'adresse, et dit :

— Allons, mamselle, ne pleurez pas : votre frère reviendra : vous le verrez bientôt. C'est un mauvais moment à passer, et les révolutions sont des temps terribles. Mais tous ceux qui se cachent du gouvernement ne sont pas pris ; il y en a toujours quelques-uns qui s'en réchappent, et votre frère sera peut-être bien du nombre.

Ces paroles rappelèrent vivement à Alice les dangers que pouvaient courir son père et Alfred, et redoublèrent son angoisse. La fermière offrit alors de la conduire dans sa chambre.

—Vous avez besoin de repos, dit-elle, et une bonne nuit vous fera du bien.

Alice accepta, et suivit cette femme au premier étage, dans une petite chambre à alcôve, fort propre et assez bien meublée. Lorsqu'elle fut seule, elle se mit à genoux, demandant à Dieu consolation et secours ; ensuite, épuisée beaucoup plus par les émotions de cette journée que par les fatigues du corps, elle se jeta sur son lit ; mais elle eut beaucoup de peine à s'endormir, car, outre l'angoisse du cœur, elle fut encore affectée d'un vague sentiment de crainte. Elle avait remarqué qu'une assez longue distance séparait sa chambre du corps de bâtiment occupé par le fermier, et elle craignait, en cas d'événement, de n'être point entendue. Elle finit par s'assoupir : son sommeil fut court; elle s'éveilla quand les premiers rayons du soleil pénétrèrent dans sa chambre. Elle avait hâte d'examiner les lieux où elle se trouvait, et courut à sa fenêtre.

Un charmant paysage frappa ses yeux encore à demi enveloppé des légères vapeurs du matin. La ferme était située dans le vallon même de la Seulle, à un quart de lieue environ du village de Gray. On découvrait de la fenêtre d'Alice, et au-delà des clôtures de l'habitation, de beaux pâturages où paissaient de nombreux troupeaux, et au milieu desquels serpentait, comme un ruban argenté, la limpide rivière de Seulle. Un bois taillis, à peu de distance et à gauche de la ferme, variait agréablement ce tableau. Alice, en tout autre temps, aurait joui avec délices des beautés calmes d'un spectacle si pur et si doux, et alors même, malgré

le poids qui oppressait son cœur, elle ne fut
pas insensible à ses charmes.

Bientôt la fermière entra dans sa chambre,
et lui souhaita le bonjour, en posant un frugal
déjeuner sur la table. L'excellente femme dit
à Alice tout ce qu'elle put imaginer pour la
distraire.

— C'est un bien brave jeune homme que
votre frère, et je pouvons bien le dire, car
nous sommes déjà de vieilles connaissances,
quoique jusqu'à ce jour je n'ayons jamais su son
nom.

— Comment cela ? demanda Alice surprise.

— Vraiment oui, mamselle. Dans le temps
qu'il étudiait à Caen, il venait quelquefois se
promener de ces côtés-ci, et il a pris plus d'une
bonne jatte de lait à la ferme.

Alice comprit aussitôt ce que, dans le trouble de ses pensées, elle n'avait point demandé
à Christophe; elle sut pourquoi il avait choisi
cet asile de préférence à tout autre. Elle se
souvint en même temps de lui avoir entendu
dire qu'une pauvre femme malade habitait la
ferme comme elle, et elle adressa quelques
questions à ce sujet à la fermière : celle-ci secoua la tête et dit :

— Pauvre chère femme! j'ai bien peur qu'elle
ne sorte d'ici que pour aller dans le paradis du

bon Dieu, et je voudrions bien être assurée comme elle de mon salut. C'est la plus douce créature du monde, une vraie sainte.

Le souvenir de Marie se représenta vivement à l'esprit d'Alice.

— Son nom ? demanda-t-elle : dites-moi son nom.

— On n'a jamais su son vrai nom dans le pays, où il n'y a qu'un cri de bénédiction sur elle, à cause de sa charité pour les pauvres et les malades : on ne l'appelle que la bonne MARIE.

—Marie! Marie! répéta vivement Alice : où est-elle! Je la connais, je veux la voir. De grace, conduisez-moi.

—Elle est là, dit la fermière, tout près de vous. Elle dort peut-être : je vas voir.

Elle ouvrit une porte de communication, et, tandis qu'Alice attendait sur le seuil avec anxiété, la fermière entra sur la pointe des pieds dans la chambre de Geneviève. Marie, en effet, et le lecteur l'a déjà deviné, sans doute, n'était autre que Geneviève, qui, ne pouvant plus habiter aucun des lieux que ses propres souvenirs lui rendaient chers, avait choisi pour sa retraite une contrée remplie de ceux de Christophe, et que les entretiens de celui-ci lui avaient appris à aimer avant de la connaître.

La fermière trouva Geneviève éveillée, et, après s'être informée de sa santé :

— Votre voisine vous connaît, lui dit-elle, et elle est là qui demande si elle peut entrer.

Geneviève baissa légèrement la tête en signe d'assentiment.

—Entrez, dit la fermière en se retournant vers Alice. Et ayant entendu la voix de son mari qui l'appelait, elle sortit et laissa seule Alice avec Geneviève.

La première fit rapidement quelques pas dans la chambre, en disant :

— Marie! ma bonne Marie! quel bonheur de vous revoir!

—Mademoiselle Alice, juste ciel! dit la malade en se soulevant à demi et en arrêtant sur la jeune fille ses yeux bleus que ses traits amaigris rendaient encore plus mélancoliques et plus touchans.

Alice en soutint avec peine l'expression : elle lut sur ce visage tout pâle et si jeune encore une vie de douleur et d'agonie, et se sentit prête à pleurer.

Après le premier moment de surprise et d'attendrissement :

— Chère Marie, dit doucement Alice, comment vous trouvez-vous?

— Mieux, beaucoup mieux depuis que je vous vois. Mais parlons de vous, mademoiselle Alice : hélas! vous aussi; vous êtes donc malheureuse? car la fermière me l'a dit, votre frère est en danger.

Alice fit un signe d'affirmation, honteuse et désolée d'être obligée de feindre.

— Et votre père, votre tante, où sont-ils?

— Ma tante est irritée contre moi, et mon père se cache en Bretagne par suite des derniers événemens.

— Pauvre demoiselle! que je vous plains!... Mais nous prierons Dieu ensemble, et il vous consolera.

—Il m'a déjà exaucée, répondit Alice, puisqu'il m'a donné dans cette solitude une compagne selon mon cœur.

Geneviève sourit doucement, remua la tête d'un air expressif, et dit en pressant la main d'Alice qu'elle tenait encore dans la sienne :

— Je crains que ce soit pour peu de temps.

Alice comprit le sens de cette parole et répliqua :

— Vous aussi, ma bonne Marie, ayez confiance, éloignez de vous de telles pensées.

— Elles me sont chères, reprit Geneviève;

mourir, c'est depuis long-temps mon vœu le plus doux.

— Votre vie est utile : il faut la conserver pour les autres : je veux vous soigner à mon tour et vous rendre à la santé ; faire pour vous ce que vous avez fait pour moi... Dites , le voulez-vous bien ?

Un regard expressif et un nouveau serrement de main furent toute la réponse de Geneviève.

—Tous les matins, dit Alice, je viendrai ici, nous passerons nos journées ensemble , elles nous paraîtront plus douces à toutes deux.... Je veux même dormir auprès de vous.

— Non, répondit Geneviève , il n'est pas nécessaire, quoique mon mal ne soit pas contagieux , il est plus prudent de ne pas dormir auprès de moi : d'ailleurs, en cas d'accident, vous pourriez m'entendre si cette porte était entr'ouverte.

— Elle le sera toujours, et je ne vous contrarierai point ; mais promettez qu'au plus léger besoin d'assistance vous m'appelerez à votre aide.

Geneviève le promit, et Alice , voyant les joues de la malade se colorer par suite de l'émotion de cette scène, craignit de l'avoir fatiguée : elle la laissa reposer quelques heures , rentra dans sa chambre et remercia Dieu dans son cœur de cette rencontre aussi heureuse qu'inespérée.

VI

—

Le Médaillon.

———

Les intentions de Christophe étaient pures
lorsqu'il quitta Paris pour rejoindre Alice, et
il eût, au fond de son ame, réputé pour infame calomniateur quiconque eût insinué qu'il
serait capable d'abuser de la noble et touchante confiance de cette jeune fille. En dispo-
sant tout pour la fuite d'Alice, il ne fut occupé
que du succès de l'entreprise ; mais quand
celle-ci eut réussi au gré de ses vœux, lorsque

entraîné par le mouvement rapide de la voiture,
il vit à ses côtés l'objet plein de charmes qu'il
avait convoité si long-temps, il se sentit comme
enivré de son souffle, et troublé par le contact
de ses vêtemens, la tête lui tournait, et il se
rejeta en silence et avec effroi du côté opposé
de la voiture pour se dérober, autant que possible, à un trop dangereux voisinage. Alice et
lui échangèrent, ainsi que nous l'avons dit,
peu de paroles sur la route, et Christophe prit
congé d'elle à la ferme avec une sombre et indéfinissable tristesse, mais sans aucune arrière-
pensée qu'il eût rougi d'avouer.

Alice l'avait supplié de retourner à Paris;
mais il s'était refusé à quitter le pays avant d'a-
voir acquis la certitude que la baronne et son
fils n'avaient aucun soupçon du lieu où elle
s'était retirée et que leurs persécutions n'étaient
point à craindre pour elle. Il alla s'établir en
conséquence à une demi-lieue environ de la retraite d'Alice, au bourg de Courseulles où il
avait passé autrefois tant d'heureuses journées.

Pour comprendre la violence des combats
qui se livrèrent alors dans son cœur, il faut se
dire qu'il y a dans la vie de certains hommes
des jours où ils diffèrent plus d'eux-mêmes
que de beaucoup d'autres auxquels ils auraient
frémi de ressembler, des momens où le ver-

tige s'empare d'eux , paralyse leur raison et les livre presque désarmés au génie du mal. Malheur alors, malheur à ceux qui ne se sont point fait une constante habitude d'opposer le frein d'une loi immuable aux mouvemens orageux de leur ame ! Christophe Sauval était de ce nombre, et il faut se rappeler que, non-seulement un amour violent et irrésistible l'attirait vers Alice, mais que sa possession devait encore satisfaire un autre désir non moins indomptable, la vengeance. Les souvenirs de ses affronts étaient dans son cœur autant de dards aigus dont il sentait toujours la pointe acérée, et, lorsqu'il se vit maître de la personne d'Alice, il entendit une voix qui lui rappelait les vœux terribles qu'il avait prononcés, qui lui criait : « L'heure est venue : il est en ton pouvoir de mettre à ton tour le pied sur la gorge de l'implacable vieillard et de réduire son orgueil à demander merci. »

Christophe eut horreur de ces pensées, car une autre voix presque aussi forte lui disait en lui parlant d'Alice : « Elle s'est confiée à ta foi, à ton honneur ; respecte-la où tu seras infame. »

Pendant le jour il promenait ses sombres pensées au bord de la mer, sur ces mêmes grêves où jadis tant de douces rêveries avaient

bercé sa jeune imagination : un souvenir du
passé montait alors quelquefois jusqu'à lui
comme un rayon lumineux qui perce tout-à-
coup d'épaisses ténèbres. Oh! qu'il se voyait avec
douleur différent de ce qu'il avait été ! Avec
quelle joie il eût donné tout ce qui lui restait
de vie sur la terre pour quelques heures de ce
temps d'illusion et de paix ! Il gémissait, il se
condamnait lui-même; mais il ne pouvait dompter l'ennemi qui rugissait en son sein : souvent
alors la triste image de Geneviève lui apparaissait encore; mais il la repoussait avec effroi :
« Elle est en paix ! répétait-il toujours, en
cherchant à étourdir sa conscience, à étouffer
ses remords ; elle est en paix ; elle est heureuse
en Dieu ! De quel droit troublerai-je son repos,
moi qui ne puis rien pour son bonheur ! »

Il poursuivait ainsi, durant de longues
heures, ses promenades solitaires, absorbé dans
ses sombres réflexions, insensible aux vents,
à la pluie, au bruit des vagues, inattentif aux
flots mêmes que le flux faisait monter jusqu'à
lui et qui le gagnaient avant qu'il se fût
aperçu de leur approche.

Aussi long-temps que le soleil était sur l'horizon, il n'osait s'aventurer dans le vallon de
Gray de peur d'être reconnu par Alice et de

lui inspirer quelque alarme : mais, quand venaient le soir et les ténèbres, il tournait ses pas de ce côté, s'approchait de la ferme et restait long-temps assis sur le bord de la rivière, ou debout appuyé contre un arbre du taillis voisin, et les yeux attachés sur la fenêtre où il guettait l'apparition d'Alice. C'est ainsi qu'il la vit quelquefois, et toujours à sa vue, son cœur se calmait, comme s'il eût senti l'influence d'un esprit céleste : mais aussitôt qu'elle avait disparu, les tentations de Christophe devenaient plus terribles ; il calculait en frissonnant combien il lui serait facile d'arriver jusqu'à elle sans être aperçu. Une fois il arrêta ses yeux avec une vague inquiétude sur les contrevents fermés de la fenêtre voisine ; car il savait que cette fenêtre était celle de la pauvre femme malade ; mais la fermière avait dit qu'il était difficile d'entendre dans l'une des deux pièces ce qui se passait dans l'autre : tout semblait favoriser une audacieuse tentative : « Un peu de courage, un peu d'audace, pensait-il, et elle est à moi... son père ne me la refusera plus.. » Un désir furieux de la posséder, une soif brûlante et inextinguible le consumait... tout-à-coup il se levait avec épouvante, et s'arrachait à la hâte de cet endroit dangereux : il courait alors vers le bourg voisin comme un

insensé, comme s'il fuyait un démon prêt à le
saisir et à le pousser au crime.

Alice était triste et agitée aussi ; mais sa tristesse et son trouble prenaient leur source dans
les plus purs sentimens de son cœur. Plusieurs
pensées qui ne s'étaient point offertes à son
esprit au moment de sa fuite, la remplissaient
maintenant de crainte et d'angoisse. Personne
n'avait soupçonné d'abord au château l'arrivée de Christophe, et lorsqu'elle avait consenti
à le suivre elle s'était persuadée que l'auteur
de sa délivrance ne serait point connu : mais
lorsqu'elle se dit que des incidens imprévus
pouvaient trahir la complicité de Christophe
dans sa fuite, et qu'enfin il n'était pas impossible qu'on interprétât mal le véritable motif
de son départ, elle se sentit humiliée, cruellement blessée dans ses sentimens de délicatesse et de pudeur. Et que serait-ce, pensait-
elle encore, si ces soupçons étaient un jour
transmis à son père, si elle était calomniée
auprès de lui ?... Ces craintes la jetaient quelquefois dans un violent désespoir, et Geneviève, qui s'oubliait elle-même pour ne s'occuper que d'Alice, s'efforçait en vain de la
distraire d'une douleur dont elle ignorait la
cause. Oh! que n'eût donné, que n'eût fait Alice

pour connaître le séjour de son père ! Elle eût
tout bravé pour se jeter dans ses bras, pour
pleurer sur son sein. Christophe avait promis
de l'instruire lorsqu'il serait informé lui-même,
et chaque jour elle attendait de lui quelque
renseignement avec une anxiété sans égale.

Christophe tint parole, car nous ne sommes
jamais plus attentifs à remplir des engagemens
secondaires qu'au moment d'en enfreindre de
grands. Il avait reçu de Caen, où il s'était fait
adresser ses lettres de Paris, un billet de son
oncle fort peu rassurant pour Alice, mais où
le manoir de Kerlan, près Camors, était désigné comme le lieu de refuge du comte. « Tout
le pays s'agite, disait Pierre Renaud en terminant, il faut un exemple; je suis sur les traces
de l'ennemi et le vieux renard sera bien fin
s'il m'échappe. » Christophe en nommant à
Alice la retraite de son père, lui cacha les menaces de Renaud : il la prévint seulement que
le pays était troublé par de grands désordres et
qu'il serait fort dangereux de s'y aventurer.

Alice ne tint compte des appréhensions de
Christophe : elle résolut de partir le lendemain
par la voiture de Rennes, et concerta son départ avec la fermière : puis elle instruisit
Sauval de son projet; mais sa lettre ne put être
remise à celui-ci que fort avant dans la soirée.

Alice, attendit ce jour-là, presqu'au dernier
moment pour informer Geneviève d'une résolution qui devait l'affliger, et il était déja tard
lorsqu'elle entra dans sa chambre avec l'intention de l'en instruire.

Elle marchait doucement car elle craignait
que Geneviève ne sommeillât : mais celle-ci ne
dormait pas : elle n'entendit point cependant
le léger bruit des pas d'Alice, et la voyant tout-
à-coup, à peu de distance de son lit, elle porta
rapidement la main sous son chevet ; ses yeux
étaient rouges et Alice comprit que l'infortunée
avait beaucoup pleuré.

Elle s'assit auprès d'elle, lui prit la main,
et aux premiers mots qu'elle prononça, Geneviève exprima, par un mouvement subit, son
chagrin d'une séparation si prompte. Ce mouvement fit tomber sur le carreau un objet
qu'elle venait de replacer à la hâte sous son
oreiller ; elle fit un cri et voulut se précipiter
hors du lit pour le saisir. Alice la retint, et relevant elle-même l'objet précieux, elle le reconnut aussitôt pour le médaillon qui avait déjà
une fois si puissamment excité son intérêt. En
le rendant à la malade, elle ne put se défendre
d'y jeter un coup d'œil, et poussant un cri à
son tour, elle dit :

Ah ! c'est lui... c'est bien lui !

— Qui?... qui donc? demanda Geneviève en se soulevant et en arrêtant ses regards sur son amie.

— Christophe Sauval, répondit Alice.

— Christophe ! Christophe ! répéta Geneviève : elle fit un violent effort, pour retenir des paroles prêtes à lui échapper et, pressant contre sa poitrine ses mains crispées par le saisissement et la douleur, elle prononça quelques mots sourds et inarticulés : puis, tout à coup, levant au ciel des regards désolés, elle dit : « Oh ! Dieu, mon Dieu ! Je ne puis.... je ne pourrai jamais... Cet effort est trop grand ! »

Alice cependant la regardait immobile et interdite : un horrible soupçon était entré dans son cœur ; elle se demandait avec effroi, si Christophe n'était pas l'auteur caché des souffrances de Geneviève ; elle tremblait d'interroger l'infortunée et ne put que dire :

— Vous... vous aussi vous l'avez connu ?

Mais Geneviève ne l'entendait pas : absorbée dans une lutte intérieure, elle murmurait à voix basse, et comme répondant à sa propre pensée. « Oui, j'ai promis, j'ai fait vœu de ne le point nommer... mais, maintenant, j'appartiens plus à la mort qu'à la vie.... Il n'a plus rien à craindre de moi.... Je puis.... je puis parler. » Et se tournant vers Alice avec une expression divine, elle ajouta :

« Oh! dites... dites... Est-il heureux ? »

— Je l'espère.

— Où l'avez-vous vu ?

— A Paris, dans ma famille.

— Achevez, continua Geneviève, dont l'émotion croissait toujours ; de grace, achevez de m'instruire.... Est-il... est-il marié ?

Ces mots fortifièrent les soupçons d'Alice :

— Pas encore, répondit-elle avec un accent de douleur et d'épouvante.

Le son de sa voix et sa réponse furent un trait de lumière pour Geneviève.

— Ah ! dit-elle, vous l'aimez ! Et lui.... lui aussi, peut-être, il vous aime !!

Elle laissa retomber sa tête en abandonnant la main d'Alice, et demeura quelques instants comme suffoquée par ses sanglots. Enfin, elle reprit d'une voix brisée : « Oh ! parlez, apprenez-moi si mon pauvre cœur ne m'a point trompée... Alice, l'aimez-vous ? »

—Ah, répondit Alice avec chaleur, quel que soit le sentiment qu'il ait pu m'inspirer, je l'étoufferais, je renoncerais au bonheur... si je devais acheter ce bonheur aux dépens du vôtre, au mépris d'un engagement sacré.

— Fille généreuse, merci ! dit Geneviève en

posant son bras sur celui d'Alice , je vous comprends... Ne craignez pas... Je n'ai ni reproche
à faire, ni droit à réclamer... Puis elle porta
la main à son front pour écarter les anneaux de
sa chevelure en désordre qui retombaient sur
ses yeux, et examinant Alice avec un intérêt
tout nouveau, comme si elle ne l'eût point assez
vue jusqu'alors, elle dit :

Vous êtes belle ! ô bien belle !... vous êtes
remplie de talens et de graces... vous brillerez
dans le monde... Il sera heureux.

De nouveaux gémissemens étouffèrent sa
voix , et des larmes amères ruisselèrent en torrens sur ses joues.

Alice ne put retenir les siennes.

— Il faut être barbare, s'écria-t-elle , pour
déchirer un cœur comme le vôtre. Par pitié ,
instruisez-moi... Parlez à votre tour... dites ce
qu'il fut pour vous celui dont le souvenir vous
est si douloureux..... Chère et malheureuse
femme , confiez - vous à moi... Plutôt mourir
que d'ajouter une peine à toutes vos angoisses !

— Ame céleste... ne craignez point... Non ,
non, il n'est pas coupable... Je n'ai aucun
droit sur lui.

Elle soupira profondément ; puis ajouta :

« Si j'en avais pourtant, vous me pardon-
neriez... Oui, j'en suis sûre... car, hélas ! ces

droits ne seraient pas long-temps à redouter pour vous. »

— Oh ! je vous en conjure à genoux ; ne me laissez pas dans ce doute terrible... dans cette affreuse incertitude... Achevez.... dites-moi tout.

— Pas aujourd'hui, répondit Geneviève prête à défaillir.... Je ne saurais.... mais demain..... demain peut-être..... oui.... j'écrirai.

Alice crut qu'elle allait s'évanouir dans ses bras, et, malgré son anxiété, elle s'abstint de l'interroger davantage, tandis que, reprenant ses esprits, Geneviève l'accablait de nouvelles questions.

Son amie satisfit ses tendres et touchans désirs, sans toutefois lui révéler la part qu'avait prise Christophe dans son évasion du château de Grandmesnil et sa présence dans le voisinage.

Une heure s'écoula de la sorte, et, voyant enfin Geneviève épuisée par une secousse aussi violente et par un si long entretien :

— Assez pour aujourd'hui, lui dit Alice, et la regardant avec une compassion triste et profonde, elle ajouta, en lui rappelant sa promesse d'écrire ou de parler à son tour : — A demain !..... souvenez-vous....

Geneviève répondit par une douce pression de main et par un léger signe de tête.

Alice s'éloigna ; mais, avant de sortir, elle se retourna et vit le mélancolique regard de Geneviève toujours attaché sur elle. Ce regard pénétra jusqu'au fond de son ame : elle oublia un instant ses propres angoisses, revint précipitamment sur ses pas, et, tombant à genoux auprès du lit, elle embrassa l'infortunée, dont les larmes se confondirent avec les siennes.

Elle rentra fort agitée dans sa chambre, et résolut d'attendre pour partir la révélation d'un si terrible secret.

« Qu'ai-je appris ! écrivit-elle à sa sœur.... Me serais-je trompée ! Pardonne, chère Amélie, pardonne au désordre de ces lignes.... Hélas ! j'ai peine à recueillir mes pensées... »

Alice raconta ensuite la scène que nous venons de décrire ; puis, après avoir nommé Geneviève, elle ajouta :

« Qui peut-être cette femme, cette douce et angélique créature ? Quel est ce droit dont elle a parlé... ce droit que je n'aurai pas à redouter long-temps ?... Christophe ! est-il possible ?... Quels sermens aurait-il prononcés avant ceux qu'il m'a faits ?.... Serait-il coupable d'une lâche perfidie ! Quelle attente jusqu'à demain ! que cette nuit me semble longue et terrible !...

L'air me pèse : j'étouffe ; un souffle brûlant
m'accable.... »

Une heure plus tard.

« Je viens de respirer à ma fenêtre.... Tout
est calme dans la nature. J'ai cherché un peu
de paix pour mon cœur dans la paix qui m'en-
vironne.... vain espoir !.... Et pourtant mes
forces sont épuisées... Adieu jusqu'à demain...
Le sommeil peut-être calmera mon angoisse....
O mon Dieu ! grace !.... un peu de repos, un
peu d'oubli ! »

VIII

Geneviève.

Il était près de dix heures lorsque le billet par lequel Alice annonçait son prochain départ fut remis entre les mains de Christophe. Il frémit à cette nouvelle inattendue, et résolut de mettre obstacle au départ d'Alice, de la voir elle-même, de lui représenter les dangers qu'elle aurait à courir en traversant un pays insurgé, le peu d'espoir enfin qu'elle avait de rencontrer

au manoir de Kerlan son père obligé de se cacher et de fuir de retraite en retraite.

Christophe aurait voulu la voir sur-le-
champ ; mais il était trop tard pour qu'il la fît
demander, et il ajourna son projet au lendemain. Il se dirigea néanmoins du côté de la
ferme, comme il l'avait fait les soirs précédens :
il suivit la lisière du bois taillis, qui se prolongeait jusqu'à une portée de fusil de l'enclos,
et il s'y arrêta de manière à distinguer parfaitement la fenêtre d'Alice. Celle-ci avait vue sur
les derrières du bâtiment : quelques toises d'un
verger, une haie vive et un fossé, séparaient
de ce côté la ferme du taillis voisin. Il était à
peu près dix heures... Alice venait de quitter
sa fenêtre, et, soit par oubli, soit à cause de
la chaleur étouffante, elle l'avait laissée légèrement entr'ouverte. Christophe s'en aperçut : il
en frémit, et ses cheveux se dressèrent sur sa
tête. Il s'étonna de voir, à travers le rideau, à
une heure si avancée, une lumière plus vive
que de coutume. Peut-être, se dit-il, Alice
veillait encore ; cependant il n'apercevait aucun
mouvement dans la chambre, et ne distinguait
aucun bruit.

Il attendit une demi-heure, immobile, les
yeux toujours arrêtés sur cette fenêtre, et lut-
tant contre une tentation horrible. La veille, les

autres jours, en fuyant ce lieu plein de périls,
il s'était dit : demain je reviendrai : je reverrai
l'asile où elle repose ; mais maintenant, pensait-
il, que je m'éloigne et tout sera dit, car demain
peut-être mes conseils, mes prières, seront dé-
daignés ; demain elle ne sera plus là ; elle ira
rejoindre son père.... Tout sera fini pour moi,
pour elle-même, et après m'avoir outragé
comme le dernier des misérables, l'audacieux
vieillard se rira de ma colère et de mon impuissance.... Et pourtant ma vengeance est légitime
et généreuse : je ne veux point le malheur de cet
homme... c'est son orgueil que je veux dômp-
ter ; c'est une honorable union qu'il faut qu'il
scelle de son aveu. Ce que je prétends, pour
prix de tant d'affronts, c'est rendre à sa famille
l'héritage de ses pères ; c'est assurer le bonheur
de sa fille.... Alice sera-t-elle moins pure,
moins honorée ?.... S'il y a un coupable, ce
sera moi... s'il y a une faute, un crime enfin...
la responsabilité ne tombera que sur ma tête...
et je l'accepte... Oui, oui, dit-il avec frénésie,
je me dévoue.... je serai coupable pour qu'elle
soit heureuse.

Il s'élança hors du taillis vers la ferme. Au
même instant une ombre passa lentement derrière le rideau d'Alice.

Christophe s'arrêta saisi de terreur, et se tapit

contre la haie sur le bord du fossé. L'ombre repassa plusieurs fois : il était évident qu'une personne marchait dans la chambre. Une sueur froide baignait le front de Christophe, et en appuyant la main sur lui, on aurait pu compter les battemens de son cœur. Tout à coup, à la vive clarté qui brillait dans la chambre d'Alice succéda une lueur très-faible. Christophe en conclut qu'Alice s'était couchée : il se la représenta soudain dans son repos, dans la simple parure de ces graces célestes, de ces charmes enivrans qui depuis deux ans l'avaient fait se consumer en stériles désirs, et pour l'amour desquels il s'était résigné à tant de tourmens. Vision terrible, et qui acheva d'égarer sa raison et ses sens ! Le ciel était sombre et lourd, et Christophe distinguait encore son chemin jusqu'à la fenêtre à la clarté douteuse de la lune ; mais un nuage épais descendait sur cet astre et allait l'envelopper de ses plis ténébreux. Encore un instant, et Christophe ne reconnaîtrait plus sur la muraille la place où ses pieds devaient toucher.

— Ah ! maintenant, dit-il, maintenant ou jamais !

En deux bonds il fut au pied du mur ; un instant après il avait atteint la fenêtre et il ache-

vait de l'ouvrir : il souleva le rideau et se glissa
furtivement vers l'alcôve d'Alice.

Elle commençait à sommeiller : sa tête char—
mante reposait sur l'une de ses mains, tandis
que l'autre bras était gracieusement replié sur
elle. A la vue de sa pose modeste, de l'innocente
pureté de ses traits, Christophe fut saisi de respect et de crainte : il arrêta ses regards sur
elle avec tremblement et admiration, et se re-
pentit presque aussitôt de sa témérité. Il songeait à fuir ; mais le sommeil d'Alice était agité,
elle fit un mouvement : le moindre bruit l'eût
éveillée. Christophe demeura donc comme pétrifié à la place où il était. Tout à coup Alice
ouvrit les yeux : son regard rencontra celui de
Christophe, et elle jeta un cri terrible.

— Pardon ! oh ! pardon ! dit-il en tombant à
genoux : je suis coupable, Alice ; mais ordon-
nez et vous serez obéie.

Il osa lever les yeux sur elle et les baissa
presque aussitôt avec confusion. Alice était sur
son séant : ses cheveux flottaient en désordre
sur ses épaules ; son regard était fixe, ses bras
raidis par le saisissement. Elle demeurait immobile comme un marbre ; tout en elle exprimait le désespoir et l'épouvante. Il y eut alors
un instant, un seul instant d'affreux silence,
pendant lequel Christophe crut entendre

marcher dans l'appartement voisin, comme si quelqu'un approchait lentement. Il regarda du côté d'où venait le bruit, et il vit s'ouvrir la porte de la chambre. Il voulut fuir et reprendre le chemin qu'il avait suivi pour entrer; mais il fut prévenu. Alice devina son projet, et saisissant une robe de chambre avec la rapidité de l'éclair, elle se jeta hors de son lit, et s'élançant vers la fenêtre :

— Arrêtez, monsieur, dit-elle : puisqu'on vous a surpris dans mon appartement, il faut qu'on sache comment vous y êtes venu; avant de fuir il faut proclamer mon innocence et votre infamie.

Christophe demeura sans mouvement et sans voix. Une femme cependant, survenue au cri d'Alice, était entrée dans la chambre, et se tenait devant la porte, vêtue d'une longue robe blanche, comme un fantôme : c'était Geneviève. Christophe, dans le trouble de ses sens, ne distingua point ses traits; mais elle reconnut les siens, et prononçant son nom avec une exclamation déchirante, elle tomba sans connaissance.

Alice vola auprès d'elle :

— Venez, monsieur, venez, dit-elle, aidez-moi à secourir cette femme... elle aussi est votre victime.

Le cri de l'infortunée Geneviève, le son aigu et déchirant de sa voix avaient pénétré au fond du cœur de Christophe et y réveillaient des souvenirs confus et douloureux : un spectre vengeur, sorti de la tombe, ne lui eût pas inspiré plus d'effroi. Interdit, saisi d'épouvante et d'horreur, il avait perdu toute liberté d'esprit et de volonté, il cédait machinalement et en aveugle à l'impulsion du moment. Il obéit donc à l'injonction d'Alice, et s'approcha de la malheureuse qu'elle cherchait à secourir et vers laquelle il était attiré par un intérêt irrésistible plus fort que ses pressentimens et que sa terreur. Il prit une de ses mains glacées, et se penchant sur son visage pour la reconnaître :

— Geneviève ! s'écria-t-il, Dieu !... ô Dieu ! Ses genoux fléchirent ; il se laissa aller sur un siége auprès d'elle, et fut sur le point de s'évanouir à son tour.

Cependant les mots qui lui étaient échappés avaient produit un effet magique sur l'infortunée : elle se ranima, serra la main de Christophe avec force ; puis, l'attirant convulsivement à elle :

— Christophe, dit-elle, cher ami, ne me quitte plus... Reste... oh! reste! je vais mourir.

Et elle défaillit de nouveau.

2.   20

— Ah! vous l'avez tuée! dit Alice, en s'efforçant de la rappeler à la vie.

Geneviève fit un faible geste.

Alors, sur un signe d'Alice, et d'un accord tacite, Christophe souleva la tête de la mourante, tandis que la jeune fille soutenait les pieds, et ils la portèrent ensemble sur son lit. Le mouvement lui fut salutaire, et tandis qu'elle reprenait ses esprits, sa main errante parut chercher celle de Christophe. Il la lui tendit, et elle la porta soudain à ses lèvres pâles et déjà froides. Il garda le silence : mais les émotions les plus cruelles oppressaient son cœur : Alice regardait cette scène, debout, immobile au pied du lit et les mains jointes.

— Christophe, dit enfin Geneviève encore égarée et comme sortant d'un long sommeil, mon bien aimé, est-ce toi ?... me pardonnes-tu de t'avoir abusé sur mon sort ?... d'avoir vécu dans l'isolement et la douleur tandis que tu me croyais dans la tombe ?

— Geneviève! Geneviève! répondit Christophe pénétré de remords et cherchant à cacher sa confusion. Ah! pourquoi m'avez-vous abandonné!

— Quoi, interrompit Alice, vous viviez, et il vous croyait morte!

— Oui, répondit Geneviève : c'est là, dit-elle, en montrant du doigt un petit coffre au pied de son lit, c'est là que mon secret vous sera révélé... C'est le legs que depuis hier je vous destine... Vous y trouverez un écrit à votre nom... vous lirez... vous saurez tout.

— Ainsi donc, demanda encore une fois Alice dans un inexprimable étonnement, vous avez caché votre existence!... vous avez feint d'être morte! et pourquoi?

—J'étais un obstacle à son bonheur, répondit Geneviève avec une expression angélique.

Christophe ne put résister à la violence de son émotion et de son repentir, et, tombant à genoux auprès d'elle, il s'écria douloureusement :

— Geneviève! grace! pitié!

— Oh! mon ami, dit-elle, calme-toi... je ne souffre plus puisque je t'ai revu... Mais comment ai-je obtenu ce bonheur?... Dis-moi, Christophe, comment as-tu découvert ma retraite... comment as-tu pénétré jusqu'ici?...

Geneviève se tut, interrogeant tour à tour du regard Alice et Christophe qui tous deux gardèrent le silence.

— Ai-je rêvé? reprit-elle enfin : quel souvenir, grand Dieu!... Que s'est-il passé?... N'ai-je pas entendu dans la chambre voisine... un cri... un cri d'effroi?

Et regardant Alice elle ajouta :

— Vous avez appelé..... oui, je m'en souviens.

— Oubliez-le donc, dit vivement Alice, oubliez-le, car ces souvenirs font mal.... ils sont
affreux.

— Ah !.... j'ai compris, interrompit Geneviève avec une déchirante expression de douleur, j'ai trop compris... ce n'est pas pour moi...
c'est pour vous qu'il est venu.

— Oh ! ne m'accable pas, s'écria Christophe
désespéré : je suis un malheureux.... Hélas ! je
fus coupable envers elle, Geneviève, comme
envers toi.

L'infortunée souleva la tête, fit un profond
soupir, et laissa tomber sur lui un regard de la
plus tendre compassion ; puis se tournant vers
Alice, elle lui dit :

— S'il vous a offensée, pardonnez-lui... pardonnez-lui pour l'amour de moi.

Alice ne répondit rien... elle pleurait.... Geneviève prit sa main, l'approcha de celle de
Christophe, les unit toutes deux et dit :

— Soyez pour lui ce que sa femme aurait
voulu être : donnez-lui le bonheur que j'aurais
voulu lui donner.... Qu'avec vous il soit heureux !

Alice avait cédé sans résistance à l'effort de

la mourante, et, dans cette muette étreinte,
Christophe crut voir un présage de pardon : il
n'osa cependant envisager Alice, et continua
de regarder Geneviève, dont les yeux étaient
fixés avec ferveur sur un crucifix suspendu au
pied de son lit... Hélas ! elle consommait son
dernier sacrifice. Elle demanda bientôt que
l'objet sacré fût remis dans ses mains, et le baisa
plusieurs fois, en murmurant à voix basse :

— Mon Dieu ! mon Sauveur ! mon unique
espérance ! je viens à vous.

Puis elle dit d'une voix éteinte :

— J'aurais été heureuse de voir un prêtre.

Alice fit un mouvement pour sortir.

— Restez, reprit Geneviève, il est trop
tard.... Dieu aura pitié de moi.... Le curé demeure bien loin, et ne pourrait être ici avant
une heure.... Encore un moment, et tout sera
fini.

Christophe comprenait enfin quel trésor il
avait méconnu : ses remords éclatèrent en
sanglots. D'une main convulsive il porta celle
de Geneviève à ses lèvres, et l'y tint long-temps
pressée.

Elle se ranima encore une fois : une joie douce
se peignit dans son faible et tranquille sourire,
et regardant Alice, elle lui dit :

— Pardonnez... c'est un adieu.

Ce fut sa dernière parole.

—Pauvre, malheureuse femme! dit Alice en se penchant sur son visage pour recueillir son dernier souffle.

Mais Geneviève ne respirait plus.. Son amie lui ferma les yeux.

Christophe demeura quelque temps dans la même attitude et comme anéanti. Une légère pression de la main d'Alice sur son épaule le rappela enfin à lui-même; il tressaillit et la regarda. Les traits de la jeune fille, pleins d'une dignité incomparable, exprimaient aussi la plus profonde tristesse.

— Il est deux heures, dit-elle à demi-voix; il ne faut pas que votre présence ici soit connue... laissez-moi seule.

Et montrant le corps elle ajouta :

— Je veillerai.

— J'obéis, répondit Christophe toujours à genoux; mais avant de vous quitter, Alice, ô dites-moi que le dernier vœu de cet ange est exaucé.... en signe de pardon rendez-moi votre main.

Alice hésita; puis paraissant céder plutôt à un sentiment de devoir qu'à une impulsion du cœur, elle lui présenta sa main et dit :

—C'est après-demain que se feront les funé-
railles.. vous y serez sans doute... vous revien-
drez ici... Maintenant adieu !

Christophe posa un dernier baiser sur le front
de Geneviève, et reprit en silence le chemin par
où il était venu, tandis qu'à genoux auprès du
lit, Alice récitait les prières des morts.

Le surlendemain, pendant la cérémonie funèbre, les habitans du village, qui la plupart
pleuraient en Geneviève leur bienfaitrice, virent avec surprise se joindre au cortége, à
quelques pas de la ferme, un étranger dont
la douleur surpassait celle de tous. Il resta
le dernier dans le cimetière, et, assis sur une
tombe, il contempla long-temps celle que le
fossoyeur venait de combler ; enfin il se leva
et reprit pensif le chemin de la ferme. Il frémissait à la pensée de reparaître en coupable
aux yeux d'Alice ; mais par ses derniers mots,
pensait-il, Alice lui avait enjoint de revenir et
assigné un rendez-vous : il se croyait attendu ;
il se trompait. Alice était partie, et Christophe
demeura interdit en apprenant qu'elle s'était
fait conduire la veille sur la route de Bretagne,
et qu'elle avait pris au passage la voiture de
Rennes. Il reçut des mains de la fermière une
petite boîte et un billet. La boîte renfermait les

papiers de la malheureuse Geneviève, le billet
était d'Alice et ne contenait que ces mots :

« Adieu, je pars : je vais chercher mon refuge, mon asile, dans les bras de mon père. »

Les dangers de la jeune fille dans un pays
insurgé s'offrirent aussitôt à la pensée de Christophe et le remplirent d'effroi. Voler sur ses
traces, la protéger malgré elle, triompher de
la colère de son oncle, tout braver enfin pour
recouvrer l'estime d'Alice, tel fut son dessein,
son unique projet, et il l'exécuta sur-le-champ :
il prit la poste et partit pour Rennes, impatient d'effacer son crime à force de dévoûment et de repentir.

Mais Alice ne savait pas encore à quel
point il était coupable ; elle ignorait que l'existence de Geneviève eût été depuis long-temps
révélée à Christophe, et ils allaient en aveugles,
elle, au-devant d'une affreuse découverte, lui,
au-devant d'un terrible et dernier châtiment.

VIII

Alfred.

Depuis son entrevue nocturne avec le vieillard de Grand-Lieu dans la tour de Kerlan, le
comte était devenu plus pensif que de coutume,
et son visage avait pris une expression plus
sombre sans que le caractère d'énergie indomptable empreint sur ses traits en fût altéré. Il
poursuivait toujours les mêmes projets : ses
vœux et ses haines avaient acquis peut-être

une ardeur nouvelle; mais il était évident qu'il n'avait plus la même confiance au succès.

Bien qu'il ne fût nullement crédule, les souvenirs réveillés par l'étranger, la frappante coïncidence de leur première rencontre avec l'un des plus grands revers qu'aient éprouvé les armes royales dans la première révolution, les vagues menaces proférées dans cette seconde entrevue, avaient fait une impression profonde sur l'esprit de M. de Kérolais. Aussi se montrait-il beaucoup plus circonspect dans ses relations avec les royalistes de la province.

Cependant, le vieux manoir qu'il habitait était devenu le foyer de toutes les intrigues contre-révolutionnaires, le rendez-vous de tous les mécontens, et les contrebandiers des environs jetèrent sur lui les yeux comme place de dépôt et de refuge. Son isolement et la proximité de la mer le rendaient propre à cette fin; il avait eu la même destination dans les anciens troubles civils, et l'on montrait aux environs plus d'un endroit célèbre par de sanglantes rencontres entre les *Gabelous* et les *faux Saulniers.*

Dans les derniers jours du mois d'août, M. de Kérolais pouvait compter au besoin sur cinq cents hommes armés et prêts à marcher au pre-

mier signal. La plupart, il est vrai, n'étaient
attachés que pour des motifs personnels à la
cause que défendait le comte, et quoique celui-ci ne laissât percer aucune défiance aux
regards des hommes qui protestaient devant
lui de leur dévoûment, il n'était pas assez
aveugle pour ne point reconnaître que le cal-
cul et l'intérêt particulier entraient pour beaucoup dans leur résolution belliqueuse. Il pressentait que ces hommes, hardis à l'attaque et
audacieux dans le succès, se laisseraient abat-
tre et l'abandonneraient dans l'adversité, puisque c'était surtout le soin de leur sûreté personnelle qui les attachait à lui. Aussi, depuis
l'embarquement du roi Charles X, ne voulait-
il rien donner au hasard, et, toujours ferme-
ment persuadé que les grandes puissances châ-
tieraient l'exécrable révolte des trois journées
et se ligueraient, tôt ou tard, contre Louis-
Philippe, il attendait leur manifeste de guerre
et les premières nouvelles de l'invasion pour
agir de concert avec les autres chefs royalistes
de la Bretagne et de la Vendée.

Alfred, dont la bouillante impatience con-
trastait avec la réserve prudente de son père,
s'irritait de tant de lenteurs. Selon lui, la
France indignée allait se soulever en masse
pour le drapeau blanc : il ne fallait qu'un pre-

mier cri, qu'un signal pour la rallier autour
de l'étendard des lys : et selon lui, en de sem—
blables circonstances, hésiter, serait une faute,
reculer serait un crime. Sa tête chevaleresque
était remplie des exploits des anciens preux ; il
frémissait d'une admiration jalouse au souvenir
des premiers héros de la Vendée et n'accordait
rien à la différence des temps.

Le vieux comte gourmandait doucement son
fils dont il blâmait l'impétuosité téméraire ;
mais, tandis qu'il écoutait ses projets chiméri—
ques, des larmes roulaient dans ses yeux, il ad—
mirait le noble jeune homme, son cœur battait
d'orgueil et de joie : il le blâmait, et pourtant il
aurait été moins satisfait et moins fier si Alfred
eût tenu un langage plus conforme au sien.
Souvent alors les paroles du vieillard inconnu
se représentaient à sa pensée, un pressentiment
vague lui causait une angoisse douloureuse, et
plus il voyait son fils impatient de tout délai,
plus il redoublait de précautions et de pru—
dence.

Quoique les populations de la Bretagne et de
la Vendée fussent en général, à cette époque,
peu disposées à la guerre, il commençait à se
former sur quelques points des noyaux d'in—
surrection. Des rencontres partielles avaient

eu lieu dans le Morbihan [1], entre la troupe de
ligne et quelques bandes armées, composées
surtout de réfractaires, et qui n'obéissaient
point à une impulsion commune. Quelques
gentilshommes cherchaient, à l'exemple du
comte, à ranimer l'ardeur royaliste des paysans et dérobaient leurs manœuvres à la vigi-
lance du gouvernement. Plusieurs de ces implacables adversaires de l'ordre de choses fondé
en juillet, résolurent de se voir pour concerter
leurs opérations. Le rendez-vous fut donné
sur les bords de la Vilaine, au bourg de Rieux,
à dix-huit lieues environ de la tour de Kerlan.
La présence du comte y était indispensable, il
promit de s'y rendre, et après avoir défendu
à son fils de rien hasarder en son absence qui
devait durer quatre ou cinq jours, il monta à
cheval et quitta sa retraite, non sans de vives
inquiétudes.

Alfred, en prenant congé de son père, ne
songeait nullement à enfreindre ses volontés;
mais quand il se vit seul, quand pour la pre-

---

[1] Le Morbihan est le seul des départemens de l'Ouest où des
troubles sérieux aient éclaté en 1830, et c'est surtout aux environs de Josselin que se sont montrées de redoutables bandes
contre lesquelles la garde nationale de cette ville s'est honora-
blement signalée dans divers engagemens.

mière fois, il eut le sentiment de son pouvoir comme chef de parti, un besoin impérieux de se signaler par quelque exploit mémorable le domina tout entier. Il s'indigna de penser que d'autres avaient pris les armes avant lui, et qu'il s'était déjà livré sans lui plus d'un combat : il ne rêva plus qu'audacieux coups de main et surprises de villes ; les fumées de la gloire lui montèrent au cerveau, et ses tentations violentes devinrent irrésistibles lorsqu'il se dit que s'il laissait échapper cette occasion unique où il était le maître d'agir, elle ne se représenterait plus.

Il apprit alors que les deux compagnies de ligne cantonnées dans la ville de Josselin, éloignée de sept lieues du manoir de Kerlan, avaient été envoyées depuis la veille en détachement aux environs, et que la ville était sans garnison. Cette nouvelle lui causa la plns vive agitation ; la tête lui tourna tout à fait. Depuis long-temps il brûlait de se mesurer avec les gardes nationaux de cette petite place, il était sûr de vaincre, car il sentait battre dans sa poitrine le cœur des Lescure et des Larochejacquelein : il ferait, pensait-il, comme ceux-ci avaient fait à Saumur, à Bressuire, en tant d'autres lieux, il gagnerait une ville au roi ; le succès expierait sa désobéissance et ferait absoudre le vainqueur ; il ne délibéra plus. Il écrivit en toute hâte, envoya des messagers à la ronde aux chefs des subdivisions royalistes, et convoqua, pour la nuit du lendemain, le plus grand nombre d'hommes possible au manoir de Kerlan : ils devaient s'y rendre isolément, en armes et avec des vivres pour deux jours, et, de crainte d'éveiller les soupçons, il leur était enjoint de n'approcher du rendez-vous qu'à la nuit close. Deux cent cinquante hommes environ répondirent à cet appel. Alfred regarda ce nombre comme plus que suffisant pour assurer le succès de son hardi coup de main. Son projet fut favorablement accueilli de sa troupe, et, la nuit suivante fut fixée pour l'exécution. Jusqu'au départ, il recommanda le plus grand silence, et défense fut faite à tous de sortir des murs du château.

Depuis long-temps la résidence du comte était suspecte aux autorités du département, et si l'ardeur constitutionnelle des gardes nationales des villes voisines n'eût été contenue, celles-ci se seraient déjà portées à des violences envers un lieu si mal famé que le manoir de Kerlan. Parmi ces villes, celle de Josselin, située au centre même de l'insurrection, et inquiétée par elle, avait le plus grand intérêt à l'étouffer. L'irritation des bourgeois était au comble, et leur courage avait été stimulé récemment par la présence du plus implacable ennemi de la légitimité : Pierre Renaud était dans les murs de Josselin.

Le bruit se répandit tout à coup que les partisans du roi Charles X avaient été convoqués dans un but inconnu à Kerlan. Les autorités se réunirent dans la ville, et Renaud, commissaire extraordinaire du gouvernement, présida la séance. Les pacifiques instructions du ministère avaient contrarié jusque-là ses dispositions ardentes ; il s'était à regret senti les mains liées par elles en plusieurs occasions, où il pensait qu'il eût mieux valu employer une justice sévère qu'une faiblesse indulgente. Aussi apprit-il avec une secrète joie que ses adversaires, en se réunissant d'une manière ouvertement illégale et hostile, donnaient lieu au déploiement de mesures de rigueur, et appelaient sur leur tête un châtiment dont l'exemple devait suffire pour étouffer dans leur germe toutes les semences de la guerre civile. L'ardeur impatiente de Renaud avait encore une autre cause ; car il savait que son mortel ennemi, le comte de Kérolaïs, était l'âme de tous les mouvemens des insurgés, et qu'il occupait la tour de Kerlan.

Il fut convenu que dans la nuit du surlendemain, au moment où l'on présumait que les conspirateurs seraient tous réunis au château, cette résidence serait investie de plusieurs côtés à la fois et sommée de se rendre à discrétion. Il arriva ainsi que l'époque choisie par Alfred pour la surprise de la ville fut également marquée par Pierre Renaud pour l'attaque du château. Il ne s'agissait plus que de déterminer la route à suivre : la plus courte, celle de Josselin à Lorient par Locminé arrive presque en ligne droite à la forêt de Camors; elle traverse plusieurs villages et un pays très-peuplé dont les habitans, quoique peu enclins à prendre les armes, nourrissaient cependant des dispositions très hostiles au gouvernement. En suivant cette voie, il était hors de doute que le but de l'expédition serait deviné, et que les conspirateurs en recevraient avis avant qu'il eût été possible de les investir. Il était indispensable de donner le change aux soupçons qu'inspirerait la marche de la colonne, et l'on songea en conséquence à suivre la route de Vannes jusqu'un peu au-delà du pont de la Claye, de tourner ensuite brusquement à droite et de marcher en ligne directe sur le château, en suivant la crête boisée de la rive droite de l'Auray. On ne rencontre, dans cette dernière direction, jusqu'au village de Camors, que la longue lande de Lanveaux, presque déserte et resserrée dans presque toute sa longueur par des forêts. Le secret de la marche devait assurer le succès de l'entreprise.

Cet avis réunit toutes les voix, et l'on désigna pour rendez-vous aux deux compagnies détachées à Locminé le point précis où la route de ce bourg à Vannes descend dans le vallon de l'Auray, à l'entrée de la forêt de Colpeaux. Les chefs gardèrent le plus grand secret. Quelques heures avant le départ on battit la générale, et tous les hommes de bonne volonté furent requis pour une expédition qui devait être achevée le lendemain avant le jour. Il s'en présenta trois cents, et, pendant qu'on distribuait des munitions, Renaud fit une harangue digne des plus beaux jours de Rome ou d'Athènes. Il cita Pélopidas, le sauveur de Thèbes, et Miltiade, le héros de Marathon, devant de braves gens qui se demandaient si ces messieurs n'étaient point par hasard des généraux de la république ou de l'empire, et qui auraient volontiers cherché Thèbes et Marathon sur les bords du Rhin ou de la Moscowa. Quoi qu'il en fût, la harangue eut un merveilleux succès, et l'on partit hardiment, avec le cœur d'autant plus ferme qu'on se croyait sûr de rencontrer en chemin les deux compagnies de ligne. Vingt-cinq gendarmes à cheval éclairaient la marche, et Pierre Renaud dirigeait l'expédition en personne.

Tout était également, depuis la veille, en mouvement au vieux manoir. Alfred ne se possédait pas de joie en se voyant à la tête de 250 hommes résolus : aucun but ne lui paraissait désormais impossible à atteindre ; il croyait déjà marcher en triomphe sur Paris. Les hommes les plus déterminés de sa troupe étaient de hardis contrebandiers qui attendaient, de jour en jour, une masse considérable de marchandises, et qui espéraient, à l'aide d'une puissante diversion opérée les armes à la main sur un autre point, affranchir pendant quelque temps la côte d'une active surveillance. Alfred l'ignorait, et ne voulait voir dans ceux qui l'entouraient alors que des hommes héroïques, dévoués à une noble cause : son ivresse était au comble. Il choisit pour ses lieutenans deux hommes redoutés dans le pays : l'un d'eux, nommé Olivier, doué d'une force athlétique et d'un courage à toute épreuve, avait servi sous Louis de la Rochejacquelein dans les cent jours ; l'autre, Jean Dubois, chef de contrebandiers, s'était rendu célèbre dans plus d'une rencontre avec les agens du fisc, et portait ses exploits écrits en larges cicatrices sur son front. Ce fut avec eux qu'il traça son itinéraire. Si la troupe de Josselin avait de graves motifs pour ne point prendre la route directe, les chouans devaient, à plus forte raison, renoncer à la suivre, car cette route traverse le gros bourg de Locminé, occupé alors par la troupe de ligne : il n'y avait point à choisir : le seul chemin à prendre pour arriver à Josselin était celui qu'avait adopté Pierre Renaud pour marcher sur Kerlan. Ce point important arrêté, on ne songea qu'aux apprêts du départ.

Une voix cependant s'était élevée contre cette folle entreprise : un seul homme avait combattu les illusions d'Alfred. Le vieux Bertrand, étourdi, épouvanté de l'audace de celui qu'il nommait tour à tour son cher enfant et son maître, avait déjà rappelé les sages recommandations du comte et tenté d'éclairer le jeune imprudent; mais les accents de sa voix débile se perdaient dans le tumulte des mille bruits qui s'élevaient autour d'Alfred, ou s'ils arrivaient jusqu'à lui, ils troublaient à peine de leur importun murmure l'enivrement qui saisit un cœur de vingt ans dans le premier essai du pouvoir et dans l'attente d'un premier triomphe.

Quelques instans avant de partir, Alfred monta seul dans sa chambre pour s'armer, et là, se recueillant dans le silence du lieu, et cédant à l'impulsion des sentimens les plus purs, il se jeta à genoux et invoqua Dieu avec ferveur pour le succès de son entreprise. En se retournant, après s'être relevé, il vit avec surprise, près de la porte et dans l'attitude qu'il venait de quitter, un homme qui tendait vers lui ses mains jointes et dont le regard était fixé sur le sien.

— Bertrand, que veut dire ceci? dit Alfred en le reconnaissant.

— Ah! mon jeune maître, répondit le vieux serviteur en sanglottant, laissez-moi prier le bon Dieu de vous donner d'autres pensées, laissez-moi vous conjurer de changer de résolution.

— Il est trop tard, Bertrand, j'ai prié Dieu aussi, et il m'exaucera.

— Au nom du ciel, souvenez-vous des conseils de M. le comte : que dira-t-il à son retour?

— Il dira que son fils est digne de lui.

— Mais que pouvez-vous entreprendre avec deux cents hommes ?

— Charrette avec cent a tenu la Convention en échec.

— Les temps sont changés , l'enthousiasme s'est refroidi.

— Il ne faut qu'un succès pour qu'il renaisse : la prise d'une seule place fera soulever la Bretagne et la Vendée.

— Mais le peuple ne veut pas la guerre.

— Comment? ne gémit-il pas sous un pouvoir usurpé, ne brûle-t-il point de renverser la tyrannie?

— Eh, mon ami, ouvrez les yeux, nous ne sommes pas si malheureux que vous croyez.

— Et moi, je vous dis, reprit l'ardent jeune homme , que c'est aujourd'hui comme en 93 : laissons faire les jacobins, et pas une de nos têtes ne sera en sûreté sur nos épaules.

— Ah ! mon enfant, ceux qui sont les maîtres aujourd'hui ne songent pas à nous couper le cou, si nous ne nous mêlons peu de leurs affaires : je ne suis pas savant, moi, M. Alfred, mais mon gros bon sens me dit cela, et d'ailleurs il y a des braves gens parmi eux.

— J'ignorais, reprit Alfred, que mon père eût près de sa personne un défenseur du jaco-

binisme. Si notre opinion n'est pas la vôtre,
vous pouvez vous mettre en sûreté.

— Ah! monsieur Alfred, ai-je vécu si long-
temps pour entendre cette parole de votre bouche? et de grosses larmes tombèrent des yeux
du vieillard sur ses joues flétries.

Le jeune homme ému, lui tendit sa main :

—J'ai eu tort, dit-il, n'en parlons plus, mon
ami : tu resteras ici, tu veilleras à tout en mon
absence et tu attendras mon père.

— Moi vous quitter! vous abandonner! non,
mon enfant, jamais.... jamais.... Où vous irez
je veux aller aussi... Ceux que vous attaquez
ne sont pas mes ennemis, et, encore une fois,
je vous conjure, mon enfant, par les cheveux
blancs de votre père, de renoncer à votre fatale entreprise, de ne point risquer une vie si
précieuse.... Mais, si vous marchez, je mar-
cherai... oui, dussé-je mourir sur l'échafaud.

Tandis qu'il parlait, le bon vieillard, tout en
pleurant, tout en invitant son jeune maître à se
tenir en repos, l'aidait par une habitude machi-
nale, à ajuster son costume de chef de partisans
qu'il revêtait pour la première fois. Bertrand,
après avoir attaché la ceinture qui supportait
les armes d'Alfred, fixa une blanche cocarde à
son chapeau qu'il posa sur sa tête, et regarda
le jeune chef avec admiration et comme ravi

en extase de sa bonne mine : puis, recommen-
çant à sangloter, il prit les deux mains d'Alfred,
et tenta un dernier et touchant effort pour l'arrêter.

Huit heures sonnèrent.

— Voici l'heure, dit Alfred en se dégageant
doucement; adieu, mon bon ami.

— Ah ! répéta le vieillard, si vous partez,
je veux partir aussi.

— Tu ne pourrais nous suivre, répondit Alfred déjà sur l'escalier.

— Je vous suivrai de loin, mon enfant....
j'irai aussi... j'irai.

Ces derniers mots, prononcés avec l'accent
du désespoir, allèrent au cœur du jeune
homme, qui les entendit après avoir déjà franchi quelques marches. Il s'arrêta, remonta rapidement, et se jetant au cou du vieux serviteur qui l'avait vu naître :

— Bertrand, mon cher Bertrand, dit-il, j'ai
été injuste envers toi; pardonne-moi, mon
vieil ami, dis-moi que tu me pardonnes.

Le vieillard le pressa dans ses bras : « Cher,
cher enfant, s'écria-t-il suffoqué par sa douleur... votre père !... votre pauvre père !...»

Alfred, attendri, et saisi soudain d'un triste
pressentiment ou d'une vague inquiétude,

trancha d'un revers de son poignard une mèche de ses beaux cheveux :

— Tiens, Bertrand, dit-il, prends ceci..... prends, c'est pour lui... S'il m'arrive malheur, tu le consoleras... tu lui diras que je suis mort pour mon roi... que j'ai tenu mon serment.

Il ne put en dire davantage, et se précipitant vers l'escalier, il descendit dans la grande salle, où sa présence était impatiemment attendue.

La grace et la dignité répandues dans toute sa personne rehaussaient ses avantages naturels : un murmure flatteur s'éleva de toutes parts à son aspect. Il fit à sa troupe une allocution énergique, et, lorsqu'en la terminant, il agita un drapeau blanc, à la lueur des torches, sous les voûtes sombres de la salle, des acclamations bruyantes ébranlèrent la vieille tour dans ses fondemens.

Alfred renferma le drapeau dans son étui, et le remit à un brave jeune homme, avec ordre de ne le déployer que dans la place conquise. Il distribua des cocardes blanches, fit servir à chaque homme une forte ration d'eau-de-vie, et après avoir trinqué avec tous au succès de la bonne cause, il donna le signal du départ.

Jean Dubois commandait l'avant – garde, forte de cinquante hommes, dont il détacha la moitié en éclaireurs en tête et sur les flancs de la colonne.

On suivit les bois entre la lande de Lanveaux et le vallon de l'Auray. La nuit était obscure : de temps en temps la lune se montrait derrière d'épais nuages; on n'entendait que le cri des chouettes qui se répondaient dans les bois, et la sonnette argentine des troupeaux attardés qui rentraient dans les métairies. On vit de loin quelques pâtres qui s'arrêtèrent en regardant avec insouciance passer la petite troupe sans se détourner pour s'enquérir du but de l'expédition, et l'on marcha de la sorte pendant deux heures.

Cependant, depuis une demi-heure environ, la colonne ennemie partie de Josselin, après avoir franchi le pont de la Claye, était arrivée en bon ordre sur la route de Locminé à Vannes, au point marqué pour sa jonction avec l'infanterie de ligne. Les deux compagnies n'étaient point encore au rendez-vous. Pierre Renaud fut d'avis de marcher en avant sans délai : l'opinion contraire prévalut, et l'on résolut d'attendre la troupe avant d'aller plus loin. On fit halte dans des bruyères resserrées de toutes parts par la forêt de Colpeaux, et au pied d'un mamelon fort étroit et découvert, qui d'un côté touchait presque à la forêt, et de l'autre s'approchait de la rivière d'Auray. Les gendarmes se disséminèrent aux environs dans les bois, afin d'arrêter quiconque pourrait donner l'alarme au château. On attendit avec une parfaite sécurité.

Tout-à-coup des cris d'alarmes suivis de trois coups de feu retentirent dans la forêt : les gardes nationaux se regardèrent interdits, et presque aussitôt un cheval débarrassé de son cavalier sortit du bois et traversa les bruyères au galop. Le gendarme qui le montait avait été blessé dangereusement, et fait prisonnier par Jean Dubois : trois autres cavaliers débouchèrent du même côté à toute bride, et avertirent le bataillon de l'approche des chouans : des deux côtés on avait découvert l'ennemi.

Peu s'en fallut qu'une terreur panique ne s'emparât du bataillon bourgeois et ne le ramenât en désordre à Josselin par la route la plus courte. Pierre Renaud fit honte aux plus timides :

— Eh quoi ! s'écria-t-il, l'élite des citoyens d'une ville reculera-t-elle devant une bande de vagabonds et de brigands ?

Cet argument dicté par un courage enthousiaste était sans réplique ; néanmoins l'avis de la peur aurait pu l'emporter, si un nouveau cavalier, accourant ventre-à-terre, n'eût annoncé que la troupe de ligne n'était qu'à un quart de lieue. Alors il ne fut plus question que de vaincre, chaque homme se sentit un héros, et le petit bataillon, par un admirable instinct de conservation, gravit, d'un accord tacite, l'éminence au pied de laquelle il avait fait halte, et occupa ainsi une excellente position défensive.

Tandis que ces choses se passaient dans l'armée citoyenne, Alfred et ses lieutenans, après avoir interrogé le cavalier blessé, s'avancèrent, toujours masqués par les arbres, entre la vallée de l'Auray et la lande de bruyères qui partageait en deux la forêt. Ils arrivèrent ainsi sur la lisière du bois en face du mamelon occupé par la garde nationale, et dont un ravin les séparait. Là, ils s'arrêtèrent, reconnurent l'ennemi et tinrent conseil.

Le plus sage parti eût été sans doute de se disperser ou de retourner sur ses pas ; mais l'occasion de se signaler était trop belle pour qu'il fût possible d'y renoncer : l'ennemi paraissait d'ailleurs peu nombreux, et l'on ne distinguait dans ses rangs que des uniformes de gardes nationaux, pour lesquels Alfred professait le plus souverain mépris : fuir devant

ces gens-là serait une honte éternelle; la position, quoique forte, ne résisterait point sans
doute à une attaque impétueuse; la gendarme-
rie à cheval ne serait d'aucun secours au bataillon dans l'étroit et profond ravin qu'il s'a-
gissait de franchir pour arriver jusqu'à lui : il
fallait emporter cette position au pas de course,
culbuter l'ennemi et entrer à la poursuite des
fuyards dans la ville : cet avis fut adopté.

Alfred divisa ses forces en trois corps : Olivier
eut ordre d'engager l'action sur le flanc gauche
de l'ennemi, Jean Dubois sur la droite, Alfred
se réserva l'attaque de front; et à peine eut-il
fait ses dispositions, qu'il donna le signal.

Les trois divisions franchirent le ravin à la
course, essuyèrent sans tirer une décharge mal
dirigée, et gravirent la colline sur trois points
différens en jetant de grands cris. Les gardes
nationaux firent d'abord bonne contenance, et
reçurent les assaillans à la pointe de la baïon-
nette : deux fois ceux-ci furent repoussés avec
perte. Enfin Alfred parvint sur la crête de la
colline au milieu d'une grêle de balles : son
audace jeta un moment le désordre dans les
rangs de ses adversaires, il les rompit, pénétra, lui troisième, au centre de la position, et
tua de sa main le chef du bataillon ennemi.
L'effroi s'empara des gardes nationaux lors-

qu'ils virent tomber leur commandant; ils lâchèrent pied de toutes parts, et en quelques
instans Jean Dubois et Olivier parurent sur le
plateau à la tête des leurs; déjà l'impétueux
Alfred s'élançait à la poursuite des fuyards à
travers la lande de Lanveaux, et dans la direction de Locminé.

La déroute était générale et complète; cependant Jean Dubois n'imita point le jeune
chef, et retint ses gens sur la colline. La lune,
dégagée de ses voiles, éclairait alors parfaitement le champ de bataille. Dubois vit avec
inquiétude un grand nombre de gardes nationaux s'arrêter dans leur fuite au-delà de la
lande de bruyères, sur la lisière opposée de la
forêt; il crut distinguer aussi, du point culmi-
nant où il se trouvait, une troupe rangée en
bataille dans un pli du terrain tout proche du
point où se ralliaient les fuyards, et masquée à
Alfred par les ondulations du sol.

— Ils ont du renfort, dit Dubois à Olivier,
en montrant au coup d'œil exercé du vieux
chouan le reflet des baïonnettes de la troupe
de ligne. Arrêtez-le, ajouta-t-il, indiquant
du doigt Alfred qui s'élançait dans la plaine
étroite; arrêtez-le, ou il est mort.

Olivier, suivi de quelques hommes, descendit de la colline avec la rapidité de l'éclair;

mais il ne put joindre Alfred assez tôt, et au moment où celui-ci allait donner dans l'embuscade, il lui cria d'une voix de tonnerre : « Arrêtez! pour Dieu n'avancez pas! »

La plupart de ceux qui marchaient sur les traces de l'imprudent vainqueur s'arrêtèrent à ce cri : pour lui, emporté par l'ardeur de l'âge et du triomphe, il continua sa poursuite téméraire, suivi seulement d'une vingtaine de braves, et reçut presque aussitôt une décharge à bout portant, qui l'atteignit au bras et mit la moitié de ses hommes hors de combat.

Les gardes nationaux qui s'étaient ralliés l'enveloppèrent, tandis que l'une des deux compagnies de ligne s'avançait au devant d'Olivier. Celui-ci, après avoir rassemblé à la hâte une soixantaine de ses partisans dispersés, se disposait à dégager son jeune chef; mais les paysans, interdits à leur tour à la vue de la troupe de ligne, refusèrent d'avancer. Jean Dubois allait tenter alors un effort désespéré et s'élancer lui-même avec les siens du plateau, lorsque la cavalerie, libre enfin d'agir sur le nouveau champ de bataille, fit une charge au galop, balaya la plaine, contraignit Olivier à se retirer en désordre sur la colline, et ôta tout espoir de succès à Jean Dubois, qui continua d'occuper sa position dans une attitude formidable.

Alors, sur le seul point de ce théâtre de sang où se prolongeait la lutte, on vit un spectacle digne d'admiration et de pitié. Alfred, séparé des siens, vendait chèrement sa vie. Acculé contre un arbre, il avait vu tomber à ses pieds le dernier de ses compagnons. Couvert de blessures, un genou en terre, et le sabre au poing, il se défendait encore contre une multitude d'hommes brûlant de venger sur lui la mort de leur chef. Plusieurs fusils étaient dirigés contre sa poitrine, lorsqu'une voix forte cria :

« Ne le tuez pas!... Jeune homme, rendez-vous!»

C'était la voix de Pierre Renaud, qui admirant le courage d'Afred, voulait sauver sa vie; mais tandis qu'il essayait de se frayer un passage jusqu'à lui, un officier dit au jeune héros, en lui présentant un étendard tricolore.

— Saluez ce drapeau ! Vive la Charte! vive la liberté !

Alfred jeta sur cet homme un regard méprisant ; puis, découvrant son front sanglant, il baisa sa blanche cocarde et, agitant son chapeau avec enthousiasme, il cria Vive le roi ! et tomba percé de plusieurs balles.

Cependant un tiers seulement des gardes nationaux s'étaient ralliés, et l'obscurité ne permettait pas d'apprécier les forces de l'ennemi. On ne crut pouvoir, avec trois cents hommes environ, hasarder l'attaque de la position qu'il occupait : Pierre Renaud lui-même opina pour la retraite : elle se fit en bon ordre, et le champ de bataille demeura aux insurgés.

IX

—

Le lendemain.

————

LE bruit se répandit dans la ville, le len—
demain du combat, que les pouvoirs de Pierre
Renaud étaient révoqués. En effet, le gouvernement éclairé par des rapports alarmans,
s'effraya de l'énergie républicaine de son commissaire en Bretagne. Il crut, avec raison,
que la présence d'un tel homme sur un volcan
mal éteint était plus propre à provoquer une

nouvelle éruption qu'à la prévenir ; il ne recula point devant une mesure qui lui parut être commandée par les circonstances, et il destitua le vieux patriote.

Il n'y eut à Josselin qu'un cri dans la bouche de ceux qui avaient suivi Renaud au combat le jour précédent. Il était clair, disaient les plus ardens, que le gouvernement haïssait les patriotes, qu'il en avait peur, qu'il allait les sacrifier et se mettre aux genoux de leurs adversaires pour se faire pardonner son origine démocratique ; il fallait protester avec énergie contre cette coupable tendance, et rendre un éclatant hommage à la conduite du commissaire révoqué ; car si, la veille, l'honneur de la garde nationale avait été sauvé, c'était grace à Renaud, c'était lui qui avait rallié le bataillon, et maintenu un ordre imposant dans la retraite : il s'agissait, tout à la fois, de donner une leçon au gouvernement, de faire preuve d'indépendance et de prendre une éclatante revanche. Ils avaient besoin d'un homme de tête et de cœur pour chef, aussi l'enthousiasme fut-il au comble lorsqu'une voix proposa de donner Pierre Renaud pour successeur au chef de bataillon tué la veille. Cet avis fut adopté, on proclama Renaud commandant de la garde nationale, et l'on courut en foule à son domicile pour lui en porter la nouvelle.

Le vieux républicain était alors en proie à un profond découragement et à une sombre tristesse. Il avait reçu le matin même, avec la lettre officielle qui lui annonçait sa révocation, une lettre particulière qui l'informait des bruits sinistres et mensongers répandus à dessein sur le rôle qu'il avait rempli dans la première révolution, et de la part active qu'avait prise le baron Plumet aux manœuvres qui provoquèrent sa disgrace. En effet, le baron qui, en appuyant d'abord la demande de son ancien confrère auprès du gouvernement, n'avait eu pour but que de l'éloigner, ne manqua point de le desservir et de se venger de lui aussitôt qu'il le vit à plus de cent lieues, et qu'il eut cessé de le craindre. Voilà ce qui porta le coup le plus sensible à Renaud et souleva dans son cœur un amer ressentiment. Depuis quelque temps déjà, il voyait avec douleur les résultats de la victoire populaire : préoccupé d'idées étroites et exclusives, il regardait l'érection d'un nouveau trône et le maintien d'une charte monarchique comme des actes de lèse nation, comme le présage du retour des abus et des servitudes dont il s'était flatté d'avoir à jamais affranchi

son pays, il vit sa disgrace dans une honteuse concession à l'aristocratie qu'il haïssait
plus fortement encore que le pouvoir royal, à
ces hommes dont, selon lui, les os mêlés dans
la tombe à ceux des patriotes se dresseraient
encore contre eux, ranimés par une haine furieuse et inextinguible : non-seulement, pensait-il, on leur avait offert en sacrifice le pouvoir
dont il était revêtu, on leur immolait encore sa
réputation qu'il estimait plus que sa vie; on osait
le dépeindre comme un de ces hommes de
sang, de ces féroces proconsuls qu'il avait exé-
crés et maudits, et il succombait sous les coups
dérobés d'un lâche, d'un misérable qui n'aurait osé le regarder en face.

Renaud, seul dans sa chambre, était encore
plongé dans un morne accablement et jetait
de temps en temps un regard triste et courroucé
sur la dépêche ministérielle, lorsqu'un bruit
confus de voix se fit entendre dans la rue près
de sa demeure, et bientôt les cris de *Renaud*,
vive Pierre Renaud ! retentirent à ses oreilles.
Si le vieux patriote avait une faiblesse, c'était la
soif des applaudissemens populaires, et il avait
ressenti ses plus grandes joies dans les rares
momens où il s'était cru l'idole du peuple. Il
pensa rêver lorsqu'il entendit, sous ses fenêtres,
les acclamations de la foule : mais bientôt quel-

ques amis pénétrèrent dans sa chambre, et
quand il sut, de leur bouche, la réparation qui
lui était offerte, une joie vive, mêlée d'attendrissement, saisit son cœur; il se leva, s'approcha de la fenêtre où il était appelé à grands
cris, l'ouvrit, et sa présence fut saluée de mille
acclamations auxquelles il lui fut d'abord impossible de répondre : enfin sa voix se fit jour
et domina l'émotion qui l'oppressait :

— Merci, mes amis, dit-il, vous réjouissez
mon cœur : j'accepte, j'accepte.... oui, je serai
fier d'être des vôtres, de marcher dans vos
rangs, revêtu de votre uniforme, si justement
en horreur aux aristocrates parce qu'il leur
rappelle que nous sommes tous frères, tous li-
bres, tous égaux : oui, mes enfans, je suis fier
de ce modeste habit décoré de l'épaulette dé-
cernée par vos suffrages, et je l'aime mieux ainsi
que chargé des rubans de tous les princes de
l'Europe, des chaînes et des livrées de la ser-
vitude.

Des applaudissemens redoublés suivirent ces
paroles, et Renaud reprit avec une émotion
toujours croissante :

« Merci, mes enfans, pour avoir pensé qu'il
y avait encore dans cette vieille tête quelques
bons conseils à donner, et dans ce cœur pa-

triote quelques gouttes de sang à répandre pour la bonne cause. Ce qui m'en reste est à vous... à la patrie... je vous le donne ; trop heureux s'il n'est pas versé en vain, si un dernier effort purge votre sol de vos implacables ennemis. Croyez-moi, les plus dangereux pour vous ne sont pas les Russes, ce ne sont pas les Autrichiens... vos plus grands ennemis sont à vos portes : vous braveront-ils en vain ? Non, l'heure du châtiment est venue!... Pas vrai, mes enfans ? vous suivrez votre vieux chef : nous irons encore une fois relancer les brigands dans leur tannière. »

La foule fut électrisée par ces paroles.

— Oui, oui, nous irons, nous irons tous, crièrent mille voix ; nous vous suivrons partout : vive, vive Renaud !

Le vieux patriote, ivre de bonheur, agita sa main en signe de remercîment et de satisfaction, et, quittant la fenêtre, il se laissa tomber sur un siége, presque suffoqué par l'attendrissement et la joie : cet instant fut un des plus heureux de sa vie.

Il n'était question dans toute la ville que d'une expédition nouvelle contre le manoir de Kerlan. On voulait partir et marcher sur l'heure ; mais des ordres supérieurs et contraires avaient été donnés ; car il s'agissait de frapper un coup décisif. Les autorités du département, réunies à Josselin , projetèrent une attaque simultanée de concert avec les forces disponibles à Vannes et à Lorient, et la matinée du troisième jour après le combat fut désignée pour la réunion des diverses colonnes autour du foyer de l'insurrection.

Cependant les bruits les plus contradictoires circulaient sur l'état du château et sur le nombre de ses défenseurs. Selon les uns, la plupart des insurgés l'avait abandonné ; selon les autres, tous avaient résolu d'y soutenir un siége , et faisaient de vigoureux préparatifs de défense. Renaud offrit de s'assurer de l'état des choses par ses yeux, et résolut de précéder son bataillon , afin de reconnaître la position de l'ennemi et de s'instruire de ses forces. Aucune considération ne put l'arrêter, et il allait partir pour Camors, village le plus proche de Kerlan , lorsqu'il reçut une lettre de Christophe Sauval.

Celui-ci avait appris que Pierre Renaud, dont il ignorait la destitution, était à Josselin. Son effroi pour Alice et ses remords avaient étouffé son ressentiment : il regardait son oncle comme maître absolu de la destinée du comte, et voulut tenter un dernier effort pour le fléchir. Il lui écrivit donc en le prévenant qu'il serait le lendemain à Josselin, et le supplia de l'y attendre, ou de lui désigner un rendez-vous aux environs, dans le cas où il serait obligé de s'absenter. Cette lettre, transmise par la poste, était parvenue à Pierre Renaud plusieurs heures avant qu'il fût possible à Christophe d'arriver de sa personne à Josselin, car il était sur les traces d'Alice, qui depuis Rennes voyageait lentement, sous la conduite d'un voiturier du pays. Il la suivait de loin, à cheval et en armes, et, ne voulant point la perdre de vue jusqu'au terme du voyage, il mesurait sa marche sur la sienne.

Christophe annonçait à son oncle, pour le jour même, son arrivée à Josselin, sans en indiquer l'heure; mais Renaud était trop impatient pour admettre aucun délai; il laissa donc à son domicile un mot d'écrit pour son neveu, en l'informant qu'il partait pour Camors, et que si Christophe voulait s'y rendre, il était sûr de l'y rencontrer; puis il quitta la ville, où des renforts arrivèrent dans la journée, et où l'on se tint prêt à marcher de nouveau sur Kerlan au premier signal.

Les bruits contradictoires qui circulaient sur l'état des choses dans cette résidence avaient

tous quelque fondement. Beaucoup d'hommes,
en voyant avorter l'entreprise pour laquelle ils
s'étaient armés, se dispersèrent aussitôt qu'ils
eurent vu l'ennemi se retirer, et ne rentrèrent
point au château. Trente d'entre eux avaient
succombé pendant l'action; il n'en revint à
Kerlan qu'une centaine environ, sous la conduite d'Olivier. Ils servirent de cortège aux
restes de leur jeune chef, et remirent son
corps à l'inconsolable Bertrand, qui avait suivi
de loin la troupe, et que celle-ci rencontra au
retour, allant au devant d'elle dans toute l'angoisse de l'épouvante. Le contrebandier Jean
Dubois quitta le vieux manoir presque aussitôt
après y être rentré, emmenant avec lui une
vingtaine de ses compagnons. Olivier et le reste
de la garnison, frappés de la force naturelle
de l'excellente position qu'ils occupaient, et
particulièrement intéressés à un soulèvement
général, songèrent à se maintenir, au moins
jusqu'à l'arrivée du comte, dans un poste qui,
en cas d'insurrection, leur serait d'un grand
secours. Ils savaient que le vieux château pouvait être fort aisément mis par eux à l'abri d'un
coup de main, et qu'il faudrait du temps avant
de rassembler les forces nécessaires pour en
faire le siége dans les règles. M. de Kérolais,
d'ailleurs, pouvait arriver à chaque instant :

on saurait par lui les dispositions des esprits en Vendée et l'époque précise où les hostilités éclateraient dans les départemens limitrophes ; on résolut donc de l'attendre avant de se disperser, et de ne rien négliger pour donner au château une apparence formidable.

On se mit à l'œuvre à la pointe du jour, les fossés furent déblayés, et l'on ouvrit d'anciennes embrasures fermées depuis les guerres féodales. Olivier dirigeait les travaux et commandait seul dans la place, car Bertrand était tout entier à sa douleur. Le corps d'Alfred avait été transporté dans un appartement isolé au premier étage de la tour ; Bertrand veillait auprès, immobile et comme pétrifié par le sentiment de la perte cruelle qu'il avait faite, tandis que les échos des vieux murs retentissaient autour de lui du bruit de la pioche et du marteau, et que les feux allumés dans la cour pour la préparation des alimens, les mouvemens des travailleurs et la marche pesante des sentinelles donnaient au vieux manoir l'aspect d'une place de guerre.

Cependant un cavalier, tourmenté d'une anxiété cruelle, approchait du château dans la soirée du premier jour après le combat : c'était le malheureux père. Il entendit, à quelques lieues de sa résidence, diverses versions de l'événement de la veille. Les uns disaient que les chouans venaient de remporter une grande victoire, mais que leur chef avait succombé ; d'autres soutenaient qu'ils avaient été battus par deux ou trois mille hommes de gardes nationales et de troupes de ligne ; mais les vaincus, disaient-ils, étaient revenus au château sans être poursuivis par l'ennemi. Ces rapports vagues et alarmans frappèrent le vieux comte de terreur : il pressa les flancs de son cheval, et poursuivit sa course au galop, dévoré d'inquiétude, et se reprochant à lui-même sa fatale absence. A mesure qu'il approcha du but, l'effroi l'emporta sur l'espérance, et il ralentit sa marche : lorsqu'enfin il vit, à peu de distance, la vieille tour de Kerlan qui se détachait au dessus des sombres masses de la forêt de Camors, il s'arrêta court avec un inexprimable battement de cœur ; puis, aiguillonnant de nouveau son cheval, il arriva au terme de sa course sans oser interroger aucun de ceux qu'il rencontra sur son chemin.

Rempli d'une seule pensée, d'une seule crainte, à peine fit-il attention aux travaux de défense qui s'exécutaient sous ses yeux et au factionnaire qui lui ouvrit la grille. Les bruits publics justifiaient assez de semblables précautions pour qu'il ne s'en étonnât point. Il descendit de cheval dans la cour, au milieu des feux du bivouac et d'une troupe d'hommes qu'il ne connaissait pas, et dont les uns étaient occupés des apprêts du repas, tandis que d'autres réparaient leurs armes. Ces hommes grossiers eurent presque tous en même temps l'intime conviction que celui qu'ils voyaient maintenant au milieu d'eux était le père de leur jeune chef. Ils redoutaient tous d'être interrogés, et respectaient sa douleur. Ils continuèrent de se livrer à leurs occupations lorsqu'il passa près d'eux : ensuite ils se regardèrent les uns les autres en remuant la tête ou haussant les épaules en signe d'intérêt et de compassion. Les alarmes du comte redoublèrent quand il se vit comme isolé au milieu d'eux.

— Bertrand ! cria-t-il d'une voix brève et tremblante.

Personne ne répondit à cet appel.

Jetant alors la bride de son cheval à l'homme le plus proche de lui, il franchit les degrés du perron et monta l'escalier de la tour. Il rencontra Olivier qu'il connaissait depuis longtemps et qui voulut en vain se détourner.

—Olivier ! dit-il, qu'est ceci, mon vieux ? Où est mon... où est Bertrand ?

Olivier salua le comte, montra de la main

une porte basse, et disparut sans prononcer un mot.

M. de Kérolais comprit ce silence, et, lorsqu'il se dirigea vers la porte indiquée, l'espérance achevait de mourir dans son cœur. Il ouvrit doucement cette chambre, où reposait le corps, au pied duquel le vieux serviteur était assis, dans l'attitude d'une morne douleur.

Au bruit de la porte qui s'ouvrait, Bertrand tressaillit, et s'élançant au devant du malheureux père, comme pour s'interposer entre lui et la couche funèbre de son fils :

— Ah ! monsieur, dit-il, mon maître, mon pauvre maître !

Les sanglots étouffèrent sa voix.

S'il était resté une illusion au comte, le geste et les paroles de son serviteur auraient suffi pour la détruire. Il l'écarta vivement et se précipitant vers le lit où le beau jeune homme paraissait endormi :

— Mon enfant ! ô mon noble enfant, dit-il d'une voix brisée et qui sortait de ses entrailles. Il s'inclina lentement comme pour le serrer dans ses bras, et posa un long baiser sur le front de cette chère victime.

Lorsqu'il releva sa tête blanchie, il était à peine reconnaissable. Les plis de ses lèvres entr'ouvertes, ses dents serrées et tous les muscles tendus de son visage exprimaient une horrible souffrance , tandis que son regard fixe semblait accuser une puissance invisible et lui demander ce qu'il avait fait pour souffrir ainsi, si c'était là le prix d'une vie de dévouement et de sacrifices. Puis il s'assit en silence près du corps, tandis que Bertrand sanglotait à ses côtés en récapitulant toutes les qualités, tous les avantages dont la nature avait doué son jeune maître, son cher Alfred.

Enfin le comte prit la main de son serviteur, et après l'avoir tenue quelque temps pressée dans la sienne, il lui dit sourdement :

— Un prêtre.... un cercueil... que tout soit prêt cette nuit... Va... je te rappellerai.

Bertrand sortit : M. de Kérolais resta seul.

Nul n'osa troubler cette solitude pleine d'angoisses, ce dernier tête à tête d'un père et de son enfant. On eût dit que la douleur du malheureux vieillard s'était communiquée comme par sympathie aux rudes habitans de cette maison de deuil. Un religieux silence fut observé dans l'intérieur des murs. De temps en temps on prêtait l'oreille à la porte de la chambre mortuaire : on entendait alors le bruit des pas de l'infortuné père, et ce bruit était entremêlé de soupirs déchirans et lamentables.

Une heure s'écoula ainsi : enfin le comte

rappela Bertrand : il paraissait plus calme :
il demanda des détails sur le combat de la
veille, et, en les écoutant, il interrompit
plusieurs fois son serviteur.

— Alfred, cher enfant! s'écriait-il baigné
de larmes, mon digne fils! O pourquoi t'ai-je
quitté? pourquoi n'ai-je pas redouté davantage
ton héroïsme, ta bouillante valeur?... O mon
fils! mon fils.

Lorsqu'il apprit que Renaud dirigeait la
troupe ennemie, ses yeux brillèrent, son bras
se raidit, il bondit sur son siége et cria d'une
voix frénétique :

— Renaud! Renaud!... malheur!.... Ne
pourrais-je délivrer la France de cet homme-
là!

Puis il retomba dans le silence comme vaincu
et anéanti par la violence de ses émotions.

Mais les derniers mots de Bertrand avaient
réveillé, dans le comte, l'esprit du chef de
parti et lui en rappelaient les devoirs. Il com-
manda qu'Olivier fût averti sur le champ et
introduit dans une pièce voisine, pour recevoir
d'importantes communications de sa bouche :
il fit ensuite un effort pour s'arracher de ce lieu
de douleur.

— Veille à tout, dit-il à Bertrand, je me repose sur toi.

Il parcourut une dernière fois de ses yeux le lit où reposait celui qu'il avait tant aimé. Tout à coup ses regards rencontrèrent auprès du corps le drapeau blanc qu'Alfred avait agité la veille aux yeux de ses partisans, avec la joie anticipée du triomphe; il s'en saisit, et après l'avoir lentement déployé lui-même avec un profond gémissement :

— Que ce drapeau, dit-il, repose avec lui… voilà son linceul !

Il détourna la tête et sortit.

Olivier l'attendait dans l'appartement voisin : le comte s'y rendit, et rappelant toute sa fortitude, il le prévint que l'espoir d'un vaste mouvement contre-révolutionnaire devait être pour l'instant abandonné, que les chefs avec lesquels il venait de se concerter étaient unanimement d'avis d'ajourner toute tentative de résistance ouverte; car la population des campagnes n'était pas encore disposée à se lever en masse, il fallait du temps pour l'éclairer sur ses intérêts et sur ses devoirs : enfin, surmontant la violence de son angoisse, M. de Kérolais s'entretint avec Olivier de la situation et des ressources du pays, et, lui ayant recommandé de ne point sacrifier l'avenir au présent, il le pria de quitter le château avec tous les siens cette nuit même, puisque, dans le cas où ils s'obstineraient à le défendre, ils ne pourraient espérer aucun secours. Il annonça lui-même l'intention d'abandonner la France jusqu'à une époque plus favorable, et il achevait de parler lorsque Bertrand ouvrit la porte et dit :

— Le prêtre est venu.

Olivier se retira : le comte prit le bras de son domestique et voulut rentrer dans la chambre mortuaire, mais il n'en eut pas la force, il tomba sur un siége, et donnant un libre cours à ses larmes :

— Va, mon ami, va, dit-il, tu me remplaceras.

Il était nuit : la tombe avait été creusée dans les fossés du château, et tout autour sur une double haie la petite garnison attendait le corps dans une attitude morne et silencieuse. L'enthousiasme d'Alfred et son bouillant courage avaient fait une impression profonde sur ceux qui s'étaient associés un moment à sa fortune; les plus grossiers même sympathisaient avec la douleur du père, et refusèrent d'abandonner le château avant d'avoir rendu les derniers honneurs à leur jeune chef.

A la vue du prêtre conduisant le cercueil, ils se découvrirent et fléchirent le genou. Plusieurs, tenant d'une main leur chapelet et de l'autre leur fusil, répondirent aux saintes litanies, et les rudes accens de leur voix montèrent jusqu'à l'oreille du malheureux comte, qui, dans une douloureuse stupeur, contemplait d'une fenêtre de la tour cette scène lugubre éclairée par la lueur des torches.

Les dernières paroles du prêtre furent suivies d'une décharge générale de mousqueterie, et, lorsque tout fut accompli, la garnison quitta le château et se dispersa dans la campagne. Quelques hommes seulement demeurèrent, les uns, parce qu'ils se seraient reproché d'abandonner la place avant le comte, et les autres, parce qu'ils n'espéraient point trouver pour la nuit un refuge plus sûr.

On connaissait les ordres transmis par les autorités aux gardes nationales et à la troupe des places voisines, et l'on savait que le château ne pourrait être attaqué au plus tôt que dans la matinée du surlendemain. M. de Kérolais fit ses dispositions pour partir la nuit suivante. Un pêcheur promit de le recevoir dans sa barque et de le conduire en Angleterre. Il devait se rendre vers minuit, par des chemins détournés, à un point du rivage où il fut convenu que le pêcheur l'attendrait. Il consacra une partie de la matinée à écrire aux divers membres de sa famille, à qui depuis environ huit jours il avait donné secrètement avis du lieu de sa retraite et des moyens de correspondre avec lui : Il était encore occupé de ce soin lorsqu'un jeune paysan, qui recevait pour lui toutes ses lettres, lui en apporta plusieurs arrivées de la veille et qu'il n'avait pu lui remettre encore. Celle que le comte ouvrit la première était sans signature : l'infame Maxime l'avait écrite.

Le malheureux, instruit par son affidé François de l'évasion d'Alice, et ne doutant point que Christophe n'en fût l'auteur, s'était imaginé qu'après une démarche si décisive l'unique moyen de prévenir l'union qui l'épouvantait était d'informer le comte du mariage de Christophe et de l'existence de Geneviève ; et, pour ne point attirer sur lui les soupçons de son cousin, le traître déguisa son écriture et se donna pour un ami de l'abbé Grandin ; il avait reçu, disait-il, cette importante confidence de la bouche du vieux prêtre, avec injonction de ne la communiquer que dans le cas où Christophe songerait à contracter un second mariage. Maxime joignait à sa lettre une copie modifiée de celle qui était tombée entre ses mains et que le prêtre avait écrite, en révélant à Christophe l'existence de sa femme. Ignorant où se trouvait alors le comte, Maxime lui adressa ses lettres chez madame d'Orgeval qui s'empressa de les envoyer à son frère dès qu'elle eut été secrètement informée par lui de sa retraite.

Le comte les parcourut en frémissant d'indignation et proféra de violentes exclamations contre Sauval. Il ouvrit une autre lettre, et à peine en eut-il lu quelques lignes qu'il poussa des cris affreux et tomba dans un état convulsif, se roulant à terre, se meurtrissant la poitrine et criant :

Alice!.. ma fille!.. malheur à moi!.. j'ai perdu mes enfans!

Cette lettre fatale était de madame d'Orgeval qui rendait compte de la fuite d'Alice et désignait Christophe pour le ravisseur.

Bertrand et quelques autres étaient accourus aux cris de désespoir du comte et lui prodiguèrent leurs soins; mais leurs efforts furent long-temps impuissans. L'infortuné vieillard ne paraissait ni les voir, ni les entendre, et lorsque, vaincu par tant d'agitations violentes, il fut devenu plus calme en apparence, il se laissa porter sur un fauteuil, et là, presque sans mouvement, et la tête inclinée sur sa poitrine, il ne répondit rien pendant plusieurs heures à ceux qui l'approchaient; mais de temps en

temps son sein oppressé se soulevait, et il
murmurait sourdement. « O! malheur à moi!
malheur!... j'ai perdu més enfans! »

X

Le Duel.

Le comte demeura plongé jusqu'au soir dans
le plus morne abattement : toutes ses facultés
semblaient anéanties par l'excès de la souffrance. Les heures s'écoulaient, le moment
fixé pour son départ approchait et il ne paraissait plus y songer. Le petit nombre de ceux
qui étaient restés au château avaient lieu de
craindre une attaque nocturne, car déjà des
gens de la campagne assuraient que l'avant-

garde d'une colonne ennemie n'était plus qu'à deux ou trois lieues. Chacun au château, frappé de l'imminence du danger, s'empressait autour du comte et lui rappelait la nécessité de fuir : mais lui opposait à toutes les prières une résistance inflexible.

— Où voulez-vous que j'aille maintenant ? s'écriait-il dans sa douleur, qu'ai-je besoin d'un asile ?... je n'ai plus d'enfans !

— Mon cher maître, disait Bertrand à qui le comte avait communiqué les fatales lettres, mademoiselle Alice n'est peut-être pas si coupable, elle vit encore pour le bonheur de votre vieillesse.

— Que n'est-elle morte ! répondit le père d'une voix effrayante ; je te dis que je l'aimerais mieux dans le cercueil qu'au pouvoir de ce misérable.

— Vous ne penserez peut-être pas toujours ainsi, car il y a remède à tout, mon bon maître, excepté à la mort... conservez-vous pour des temps plus heureux... ne tombez pas vivant au pouvoir de vos ennemis : ne leur donnez pas ce nouveau triomphe... bientôt ils seront ici..

—Qu'ils viennent ! dit le vieillard inflexible, qu'ils viennent ! ouvrez les portes... je les attends... je veux mourir... qu'ils me tuent ! que

mon sang souille leurs mains, et s'attache
comme une malédiction à leur gouvernement
infame!

Et comme on insistait encore pour le faire
changer d'avis, il s'irrita de tant d'importuni-
tés et déclara que sa résolution d'attendre l'ennemi était irrévocable : mais en même temps
il enjoignit de fuir à ceux qui l'environnaient
encore, et les exhorta tous à mettre leurs personnes en sûreté. Ils obéirent à l'exception de
Bertrand qui embrassa les genoux de son vieux
maître et protesta qu'il ne l'abandonnerait jamais. Le comte pressa la main de son serviteur
et n'insista plus. Au moment où le soleil disparut à l'horizon, tous deux restaient seuls
avec le concierge dans la vieille tour de Kerlan.

On entendit alors une voiture s'arrêter à la
grille d'entrée... Bientôt après, des pas légers et
rapides retentirent sur l'escalier ; la porte s'ouvrit, et, guidée par un enfant du concierge,
Alice se précipita dans la chambre en s'é-
criant :

— Mon père ! mon bon père !

Le comte était assis dans son fauteuil : il recula d'abord son siége comme frappé de surprise... puis repoussant sa fille de la main, il
dit d'un ton austère et glacial :

— Que venez-vous faire ici ?.... Je ne vous connais plus..... Allez rejoindre votre ravisseur !

— Mon père ! ô mon père, pardon ! dit Alice en se jetant à ses pieds, ne me jugez pas sans m'entendre.

—Va rejoindre ton ravisseur, reprit sourdement le vieillard : nieras-tu qu'il ait été le complice de ta fuite ?.... Tu ne le nieras point.

—Non, dit Alice ; mais votre fille est sans tache..... elle est digne de vous.

—Tais-toi, malheureuse ! N'as-tu pas écouté cet homme que j'abhorre ? ne l'as-tu pas suivi au mépris de l'indignation paternelle ? Ah ! déjà le châtiment des enfans ingrats pèse sur toi, car le misérable t'a trompée.... il a une femme, et elle vit !

— Mon père, dit Alice avec énergie, Christophe est bien coupable.... mais en recherchant ma main, il n'a point pensé commettre un crime affreux, irréparable.

— Sa femme vivait, te dis-je !

— Il ne le savait pas.

— Il le savait ! répondit le vieillard d'une voix foudroyante en ramassant sur la table la lettre de Maxime et la présentant à sa fille atterrée.

Il se leva aussitôt, et, par un instinct de père

sans doute, il sortit pour ne pas être témoin de l'excès du désespoir de son enfant.

Alice jeta les yeux sur cette lettre infernale, poussa un cri et tomba sans connaissance. Bertrand vola au secours de sa jeune maîtresse, et, tandis qu'il lui donnait ses soins, le comte s'éloignait, marchant au hasard, et descendait l'escalier sans but, sans avoir même la conscience de ce qu'il faisait.

Lorsqu'il fut descendu au premier étage, près de la porte entr'ouverte d'une chambre d'où la vue s'étendait sur la campagne et sur la forêt, il fut tout à coup rappelé à lui-même en se rencontrant face à face avec un homme qui montait l'escalier et qu'il ne connaissait pas. Cet homme était vêtu d'une blouse et tenait un fouet à la main. Le comte faillit le heurter sans le voir, et s'arrêtant brusquement :

— Qui es-tu ? dit-il ; que veux-tu ?

Le paysan, frappé de l'air de noblesse et de dignité empreint sur le visage de M. de Kérolais, et en même temps intimidé par l'expression irritée de ses traits et de sa voix, ôta respectueusement son chapeau, et regardant le comte du coin de l'œil :

—Sauf votre respect, dit-il, c'est moi, monsieur, qui avons conduit cette belle demoiselle qu'est montée là-haut.

— Toi! toi! tu l'as conduite ici! s'écria le comte; eh bien! remmène-la si bon te semble... Mais où est l'infame, le vil séducteur de ma fille?

— Je ne savons pas ce que monsieur veut dire, répondit le paysan désappointé qui s'attendait à un autre accueil : j'avons agi en conscience, et je croyions bien faire en ramenant une fille à son père.

— Mais, malheureux! reprit le comte égaré en secouant violemment le paysan par sa blouse, n'as-tu point vu le misérable, le monstre qui m'a ravi mon enfant? Où est-il? où se cache-t-il?

Le pauvre diable ouvrit de grands yeux et répondit :

— Foi d'honnête homme! monsieur, je ne savons rien de rien.

Puis, se grattant l'oreille et se ravisant :

— Peut-être bien, dit-il, ce mauvais sujet dont monsieur parle est celui-là qui m'a fait une si fameuse peur en suivant la carriole à distance, armé comme un vrai brigand qu'il est, et sans la perdre de vue jusqu'au village.

— Quoi! jusqu'ici! s'écria le comte, le malheureux! Il serait ici près! dans le pays!

— Dieu me pardonne! dit tout à coup le paysan en faisant quelques pas dans la chambre

entr'ouverte et regardant par la fenêtre : oui;
c'est bien ça; je reconnais le pélerin... c'est lui.

— Où donc ? demanda M. de Kérolais en
s'élançant à la fenêtre.

— Là-bas, monsieur, répondit le paysan
tout épouvanté de la véhémence du comte :
Voyez-vous cet homme-là, contre la lisière du
bois, appuyé sur son fusil et qui fait mine de
regarder par ici : c'est lui.

— Ah ! s'écria le comte, je le tuerai !

Il se précipita hors de la chambre, saisit
dans une salle basse son couteau de chasse et
son fusil avec la rapidité de l'éclair, et sortit
du château fou de douleur et de rage.

Le paysan stupéfait se mit d'abord en devoir de le suivre avec l'intention de le retenir
s'il était possible; mais il se ravisa, craignant
de se trouver mêlé dans une mauvaise affaire :
il laissa, en homme prudent, le comte prendre
l'avance et ne sortit point d'un petit taillis
qu'il fallait franchir pour gagner, à travers
champ, la lisière de la forêt vers laquelle le
comte se dirigeait à grands pas. Son coup d'œil
ne l'avait pas trompé : c'était Christophe en
effet qui se trouvait au lieu où il avait cru le
reconnaître.

Christophe était entré dans le village de

Camors quelques minutes après qu'Alice l'eut traversé. Il y avait inutilement demandé Renaud qui rôdait déjà aux environs du château; un de ceux auxquels il s'adressa reconnut le vieux patriote d'après les indications de Christophe. Il l'avait vu, dit-il, une demi-heure auparavant, et montra le chemin qu'il avait suivi. Sauval courut sur les traces de Renaud, et se rapprocha ainsi du manoir de Kerlan; il était parvenu sur la limite de la forêt d'où il découvrait en face la vieille tour, dont quelques champs et un épais taillis le séparaient, lorsqu'il entendit sortir de ce taillis, à peu de distance, ces paroles menaçantes :

« Défends-toi, traître, ou tu es mort. »

Il arma son fusil et le dirigea au hasard du côté d'où la voix s'était fait entendre; le comte se montra tout à coup et le coucha en joue, tandis que Christophe l'ajustait lui-même, sans le reconnaître : le premier fit feu, et Christophe tomba frappé d'une balle dans le flanc. Un homme sortit du bois et accourut au bruit :

— Mon neveu, s'écria-t-il en approchant, et recevant Christophe tout sanglant dans ses bras : mon cher enfant!

C'était Renaud, qui, après ce premier instant donné à la douleur, ne songea plus qu'à la vengeance, et s'élançant vers l'ennemi inconnu qui était resté à la même place, immobile et les bras croisés...

— Sang pour sang! lui cria-t-il.

Ils se reconnurent et tous deux poussèrent une exclamation terrible.

— A l'arme blanche! dit Renaud, jetant une paire de pistolets et tirant un sabre d'infanterie qu'il portait sous sa redingote.

— Oui, corps à corps! répondit le comte en quittant son fusil pour saisir son couteau de chasse.

Les deux champions se dirigèrent en silence et d'un accord tacite vers le même point, à quelques pas du lieu où Christophe était gisant. Celui-ci, incapable de tenter aucun effort pour les séparer, fut témoin de ce duel terrible, de cette lutte furieuse, gigantesque, s'il est permis de la mesurer aux passions qui enflammaient les combattans Ces deux hommes, si estimables d'ailleurs, mais en qui s'étaient incarnées, pour ainsi dire, les fureurs politiques de leur époque touchaient au moment si long-temps souhaité ; leur haine, accumulée depuis quarante ans, s'exhalait enfin librement de leur poitrine... ils allaient s'égorger.

Leur lutte effroyable était, en quelque sorte,
celle de l'ancien régime et de la république
personnifiés en eux, et telle était la fureur qui
les transportait l'un et l'autre, qu'ils songèrent beaucoup moins à se défendre qu'à
frapper.

Si leurs armes eussent été de meilleure
trempe ou plus acérées, ils seraient tombés
morts au premier choc : leur sang s'échappa
bientôt de nombreuses blessures ; mais ils paraissaient insensibles à la douleur, et leur colère était pour eux comme une source de vie
intarissable. Ils se prirent corps à corps et se
tinrent si étroitement enlacés qu'ils ne purent
étendre le bras pour frapper : mais, lorsqu'ils
eurent fait chacun de vains efforts pour terras-
ser leur ennemi, tous deux se sentirent chanceler, épuisés qu'ils étaient par la fatigue et
la perte du sang. Ils se tinrent quelques momens immobiles, appuyés sur leur arme et
s'étreignant par la main, comme pour s'assurer
que leur proie n'échapperait pas. Dans cette
situation, ils échangèrent un regard furieux,
puis, se sentant défaillir, ils lâchèrent prise et
recueillirent leurs forces : Renaud fit un pas en
arrière, et ils se précipitèrent encore une fois
l'un sur l'autre, en se portant des coups désespé-
rés. Dans ce dernier choc, le sabre de Renaud

s'enfonça jusqu'à la garde dans le cœur de son ennemi, qui tomba raide mort couché sur le dos, à deux pas de Christophe. L'arme du comte avait atteint son adversaire dans la poitrine et s'était brisée entre ses côtes : Renaud fut renversé sous la violence du coup et ne se releva plus.

Christophe se traîna vers son oncle qu'il trouva déjà sans connaissance et dans l'agonie de la mort. Renaud ne s'aperçut point de l'approche de son neveu. Il murmurait sourdement quelques paroles. Christophe entendit ces mots entrecoupés : *République... Liberté... France...* Puis, il n'entendit plus rien : l'ame du vieux patriote s'était exhalée avec ce dernier cri.

Des paysans appelés par celui qui avait conduit Alice au château, accoururent sur le champ de bataille où ils trouvèrent Christophe seul respirant encore. Ils firent en toute hâte un lit de feuillage et le rapportèrent évanoui au château. Le malheureux n'était pas au terme de ses souffrances : Alice, l'infortunée Alice n'avait pu résister au coup terrible que lui porta son père en lui révélant, dans toute son énormité, le crime de Christophe : elle échappa du moins, pour un temps, aux douleurs que lui eût infligées une catastrophe effroyable; elle ne comprit pas qu'elle était orpheline.... Elle était folle!

XI

Conclusion.

Christophe avait été transporté dans une des
chambres précédemment occupées par le comte
à la tour de Kerlan, et il reçut les secours d'un
médecin du voisinage appelé sur les lieux. Il
fut trois jours et trois nuits dans le délire,
et, lorsqu'il reprit ses sens, sa première pensée,
son premier mot, furent pour Alice. Le médecin était auprès de lui lorsqu'il s'informa d'elle,

et, témoin de son extrême anxiété, il fit un signe à la femme du concierge : celle-ci répondit
seulement qu'Alice était en sûreté à quelques
lieues de Camors, chez un gentilhomme ami
de sa famille, qui, instruit de la mort de M. de
Kérolais, avait recueilli chez lui sa fille avec le
vieux Bertrand. Cette réponse parut calmer
Christophe : il s'informa ensuite de sa blessure,
et, ayant appris qu'elle était dangereuse, il
manda un notaire, fit ses dernières dispositions, et légua tous ses biens à Alice.

Le plus grand repos lui fut prescrit, et il
demeura plusieurs jours sans autre compagnie
que celle de la femme du concierge et d'un de
ses enfans dont il recevait les soins. Que ses
réflexions étaient amères! combien il maudissait son fatal amour-propre, son ambition
effrénée, et ces doctrines désolantes qui l'a-
vaient abandonné à lui-même dans la tour-
mente des passions, sans autre secours, sans
autre guide que les faibles et vascillantes lumières de sa raison. Si alors de frais et purs
souvenirs du jeune âge et du foyer de famille
se réveillaient dans son cœur, il souffrait ce
que souffrent les damnés peut-être, en écoutant les concerts harmonieux du ciel, l'infortuné repoussait avec désespoir et en baignant
de larmes sa couche douloureuse, les visions

de ces jours passés et irrévocables ; il s'épouvantait de se retrouver si dissemblable de lui-
même, et se demandait si c'était bien lui qui
folâtrait autrefois dans les prairies avec une
aimable et riante petite compagne ; si c'était
lui qui, dans le bonheur de l'innocence et in-
souciant du lendemain, se livrait à de joyeux
ébats sous les regards du bon Jérôme. Par
momens il délirait encore, et la nuit, lorsque
sa lampe jetait dans sa chambre une clarté
douteuse, son imagination prêtait une forme
connue et une expression vengeresse aux
figures à demi effacées qui tapissaient autour
de lui les murailles : il y reconnaissait les
traits de ceux dont il avait encouru les justes
reproches ou causé la ruine, et si le vent venait
à soulever ces tapisseries flottantes, il croyait
voir de redoutables fantômes s'avancer vers lui
avec des regards plaintifs ou des gestes mena-
çans : « Pardon ! pitié ! » s'écriait-il dans son
égarement, et il était heureux lorsque la violence de ses douleurs physiques donnait un peu
de trève aux tortures de son cœur.

Cependant quelques mots échappés à la
femme du concierge lui inspirèrent de vives
alarmes. Ses largesses furent plus puissantes
que les recommandations du médecin, et il apprit qu'Alice avait quitté le manoir de Kerlan

dans un désordre affreux. Il voulut à tout prix obtenir des renseignemens certains, et ayant tracé avec peine quelques lignes par lesquelles il demandait au vieux Bertrand des nouvelles de sa maîtresse, il obtint que l'enfant du concierge fût chargé de remettre ce billet et d'apporter la réponse.

Alice n'avait point encore retrouvé sa raison, et Bertrand attribuait ce cruel malheur à Christophe. En recevant la lettre de ce dernier, il ne put réprimer le désir d'infliger un juste châtiment au coupable : il lui envoya donc l'écrit fatal qui, en dévoilant son crime, avait porté un coup si terrible à Alice, et au dessous, pour toute réponse, il mit ces mots :

« Mademoiselle Alice est devenue folle. »

Christophe, en parcourant cette lettre, interrompit sa lecture par des cris de désespoir, et lorsqu'enfin ses yeux eurent rencontré les mots foudroyans qu'y avait ajoutés le vieillard:

«Folle!! s'écria-t-il avec une expression farouche, folle!... elle est folle!»

Sa frénésie épouvanta l'enfant, qui s'enfuit et courut avertir sa mère. Un quart d'heure s'écoula avant qu'il l'eût rencontrée, et, lorsqu'enfin celle-ci monta l'escalier de la tour, elle crut entendre des cris sourds et inarticulés. Elle ouvrit la porte, et un spectacle d'horreur s'offrit à ses yeux : Christophe avait déchiré l'appareil de sa blessure, il était évanoui sur son lit ensanglanté. De prompts secours lui furent prodigués; il reprit ses sens, et il appela de nouveau la mort à grands cris.

Sa blessure n'était pas mortelle; il vécut, mais méconnaissable pour tous. Il tenta plusieurs fois et toujours en vain de revoir Alice, et il apprit avec la plus affreuse douleur que son nom seul, prononcé devant elle, la jetait dans d'effrayants paroxysmes; alors il perdit toute espérance, et, deux mois après la sanglante catastrophe que nous venons de raconter, il disparut.

Un léger bâtiment avait été vu peu de jours auparavant dans une baie voisine très-rarement visitée par les pêcheurs de la côte; on supposa que Christophe avait frêté ce navire et qu'il s'était volontairement exilé de son pays natal.

Après tant d'émotions violentes la santé d'Alice donna longtemps de vives inquiétudes à sa famille, et Mme d'Orfeuil hâta son retour en France pour prodiguer ses tendres soins à sa sœur; enfin, le temps, les consolations de la

religion et la tendresse de ses proches rendirent Alice à elle-même; elle se rétablit, mais
une langueur mélancolique demeura l'expression habituelle de son noble visage. Elle a cédé
enfin aux vives instances de sa famille; elle est
mariée, elle a donné sa main au fils d'un vieux
ami de son père, au vicomte de Merval, et ils
vivent retirés dans une de leurs terres au fond
de la Bretagne.

On n'a rien appris depuis six ans du vieillard que Christophe avait rencontré sur les
bords de la Loire, dans une soirée mémorable,
et qui visita le comte à Kerlan. Parvenu au
dernier terme de la vieillesse, on présume
qu'il a enfin payé son tribut à la nature :
son nom est demeuré un mystère, et tandis
que le plus grand nombre croit qu'il fut doué
d'un don surnaturel, d'autres pensent qu'il
lisait dans l'avenir par les seules lumières
de la sagesse humaine et d'une raison supérieure.

On l'aperçut une dernière fois, quelques semaines après la mort du comte et de Pierre
Renaud : on le vit, un soir, à l'heure où le soleil
descendait sous l'horizon, visiter le théâtre de
cette double et sanglante catastrophe : il s'assit
sous un chêne de la forêt de Camors, et demeura
longtemps immobile et comme absorbé dans
une méditation profonde. Peut-être pensait-il

à l'avenir de sa patrie, au degré de gloire et de prospérité où s'éleverait la France lorsque le temps aurait amorti les haines politiques, et surtout si une religion éclairée, si une foi vraiment chrétienne jetait enfin ses racines dans les cœurs et triomphait de la superstition et de l'incrédulité.

Ces pensées ou d'autres qui leur étaient semblables occupaient sans doute alors l'esprit du vénérable inconnu ; car au moment de se lever et de disparaître pour toujours, il dit :

« Avant que ces choses s'accomplissent, une génération tout entière sera depuis long-temps descendue dans la tombe. »

FIN.

2.

TABLE

DU DEUXIÈME VOLUME.

LIVRE IV.

LIVRE V.

LIVRE VI.

OUVRAGES DE L'AUTEUR

A LA MÊME LIBRAIRIE.

HISTOIRE DE FRANCE depuis Clovis jusqu'à la révolution de 1830. 2 vol. in-12. . . . . 5 fr.

LES RÉFORMATEURS AVANT LA RÉFORME (XVe siècle). Jean Hus et le concile de Constance. 2 vol. in-8°. 10 fr.

LA MORT DE BAILLY, poëme couronné par l'Académie Française. Brochure in-8°. . . . . 1 fr.

Paris. — Imprimerie d'A. René et Cie, rue de Seine, 32.